Moonshot!

Game-Changing Strategies to Build Billion-Dollar Businesses

ムーンショット!

ジョン・スカリー 著
川添節子 訳
by
John Sculley

PUBLABO

Moonshot!

Game-Changing Strategies to Build Billion-Dollar Businesses

ムーンショット!

ジョン・スカリー 著
川添節子 訳
by
John Sculley

PUBLABO

多くを犠牲にして3人の息子を育てながら、
一人前になるのを見届けることなくこの世を去った両親、
ジャック・スカリーとマーガレット・スカリーに捧ぐ。
そして愛する妻、ダイアン・スカリーに。

はじめに

顧客主導への「ムーンショット」

もし、あなたが「顧客の経験価値」を理解せずに事業をおこなっているとしたら、数年後にはうまくいかなくなるかもしれない。今、世の中では生産者から顧客へと、ビジネスの主導権が急速に移行する大きな「ムーンショット」が起きているからだ。

このムーンショットを後押ししているのが、クラウド・コンピューティング、ワイヤレス・センサー、ビッグデータ、モバイル機器といった、これまでになかったテクノロジーの進化である。

この波は、経済的な力の中心を顧客へと動かした。今後は顧客が主導するようになる。わたしは長年、起業とマーケティングを専門に仕事をしてきたので、このムーンショットがどれだけ世界を変えることになるかを徐々に実感するようになった。

今起きていることが見えなければ、将来の成功はない。

一方、この機会に、賢い顧客にモノやサービスを提供する術を学んだ者は、将来、10億ドル規模のビジネスをつくりあげることができるだろう。本書は、その道筋を具体的に示していく。

ジェフ・ベゾスはこういっている。

「わが社の顧客のロイヤリティは非常に高い。ただし、それは他社がより良いサービスを提供するまでの話だ」

顧客は日々賢くなっている。しかも賢くなるのに特別な努力は必要ない。人間の手を介す必要のない機械学習やマシン・ツー・マシン（M2M）通信を可能にするデジタル・テクノロジーの時代に生きているからだ。

クラウドでは大量の顧客データが処理されるようになり、人々はすぐに情報を入手でき、今までの時代にはなかった力を手にすることになる。

ヴァージン・ブランドは「ほかでは経験できない顧客体験を提供してくれる」という評

判が広く行きわたっており、リチャード・ブランソンはそれをフル活用して、あらゆる業界（音楽、携帯電話、航空から、もうすぐ実現する個人宇宙旅行まで）で成功を収めている。ヴァージンは顧客の経験価値について一切の妥協を許さない。

イーロン・マスクは、たんに電気自動車を製造しているのではない。テスラは、まったく新しい顧客の経験価値を提供しており、個人の交通手段がどれほどすばらしいものになるかを示している。そこにあるのは、完全なエンド・ツー・エンドのシステムだ。

マイク・ブルームバーグは、辣腕の起業家として実績を重ねたあとに、ニューヨーク市長となり、12年間の任期を務めた。彼は、ロビイストや特別な利益団体の機嫌をうかがうことなく、ニューヨークの有権者を顧客として扱った。ニューヨークの生活にかかるさまざまなデータを収集したのは、行政をより効率的に運営するためだけでなく、こうした意図もあった。

有権者は、市長のこの試みにより、近所でどのような犯罪があるのか、騒音苦情の件数はどのくらいか、どこのレストランが衛生的か、ブリザードに備えて除雪車がどこにあるかといった情報を手にするようになったのだ。

ムーンショットが世界のあらゆる業界に変化をもたらす

ムーンショットとは、シリコンバレーの用語で、「それに続くすべてをリセットしてしまう、ごく少数の大きなイノベーション」のことをいう。

マイクロプロセッサの発明はムーンショットだった。パーソナルコンピュータとして生まれたアップルⅡもそうだし、クリエイティブな人々に向けて初めて手頃な価格で販売された、デスクトップ・パブリッシング・システムとしてのＭａｃもそうだった。ワールド・ワイド・ウェブも、グーグルのネクサス・ワンやアップルのｉＰｈｏｎｅもムーンショットといえる。

これらに共通しているのは、「技術的なことに疎い一般の人々を賢くした」ということだ。スティーブ・ジョブズのいう「知性のツール」となったのである。

わたしが本書で明らかにしたいのは、「生産性を上げるためのツール」から人間の「知的アシスタント」へと変貌した、近年のコンピュータの進化だ。この背景には、機械学習や大きく進歩したデータ・サイエンスを活用した新世代の自動知的システムがある。

たとえば、ＩＢＭのワトソン、マイクロソフトのコルタナ、グーグルのナウ、アップルのシリなどだ。

このムーンショットは、ビジネスをおこなう側から顧客の側に経済的な力を動かし、さらに賢い顧客を生み出した。今後、世界のあらゆる業界に変化をもたらすだろう。

ムーンショットを後押ししているのは、急激に進化した4つのデジタル技術だ。そのうちの2つ――クラウド・コンピューティングとモバイル機器――はすでに大勢のユーザーのもとに届いている。

やがて膨大な数の小型ワイヤレス・センサーと、人工知能に組み込まれる新世代の数学的アルゴリズムは、消費者の行動を個人レベルで分析して、自動的に結果を予測し、そして我々の決断を手助けするようになるだろう。

これほどの威力を持ったテクノロジーが、こんなにあっという間に手に届く価格で世の中に行きわたったことはかつてなかった。

新しいタイプの起業家「適応型《アダプティブ》イノベーター」

近年、顧客を第一に考える新しいタイプの起業家を目にするようになった。彼らは顧客の経験価値に重きを置き、従来の10倍は良いものを提供しようとしている。

これまでのように、徐々に改良を重ねるビジネス・プランではもはや成功は望めない。現状より「良い方法」は必ずある。

わたしは世界のある部分に強い好奇心を持った。楽観的で意欲的な人間がいて、彼らはその「良い方法」を見つけてくれると信じている。それは、類まれな才能を持ったごく少数が先頭を走り、ほかの人に刺激を与える形になる。

そうした起業家が人々を魅了し、魅了された人々が、未来を変える力を持つ企業をつくるのに手を貸すことになる。

こうした新しいタイプの起業家を「適応型イノベーター」と名づけている。あとで詳しく述べるが、現代は10億ドル規模のビジネスを立ちあげるのに最適な時代だ。

本書では、こうしたチャンスが一か八かのものではなく、かなり可能性が高いものであることを説明し、わたしがもっとも革新的な人間から学んだことを示し、あなたが適応型イノベーターになるために役立つ考え方や手段を提示したいと考えている。

わたし自身、好奇心を持って常に良い方法を模索してきた。成功したものもあるし、失敗したものもある。適応型イノベーターでいようとすれば、高いリスクを負うことになるかもしれないが、何ものにも代えがたい達成感を味わうこともできる。

適応型イノベーターにとって重要なのは、ビジネス・プランではなく、顧客プランだ。

顧客プランの評価については、顧客のエンゲージメント率、および再エンゲージメント率、エンゲージメントから実際の取引に進んだ割合、顧客満足度、顧客獲得のコスト、解約率、顧客管理サイクルの効率性、顧客維持率、顧客の生涯価値など、さまざまな指標がある。

適応型企業《アダプティブコーポレーション》のフレームワーク

本書にはもう1つ重要なテーマがある。わたしが「適応型企業」と呼ぶものだ。言葉自体は新しいものではなく、アルビン・トフラーが1985年に『The Adaptive Corporation』（邦訳『未来適応企業』）という著作の中で使っている。

本書では、現代の適応型企業に必要なシステムのフレームワークを示したいと考えている。それは顧客主導で、柔軟に変化し、複数の専門分野からなるものだ。

従来のビジネス・プロセスは次第に廃れていき、従来のビジネス・プランも適応型企業の顧客プランに比べれば有用でなくなっていくはずだ。

自らの成功が仇となった企業のケースを紹介することで、イノベーションが既存の産業の片隅で起こる理由や、昔に比べてはるかに賢くなった顧客に対応するためには、複数の専門分野が必要である理由について説明したい。

顧客は、事業を急速に拡大できるかどうかを決める力を持つようになった。

そして、事業の将来性を予測するときには、従来から使われる収益性よりも、事業を急速に拡大させる力の有無が重視されるようになると強調しておきたい。

読み進めてもらえば、革新的なビジネスをおこす適応型イノベーターにとっては、従来の評価方法も役立つとはいえ、顧客を中心にした評価方法のほうが重要であることがわかってもらえると思う。

さらに、旧来のビジネス・プロセスは廃れていき、マシン・ツー・マシン通信を利用してリアルタイムで更新される顧客データが中心になっていくことがわかるだろう。

今、成功しているビジネスでももっと良い方法は必ずある。ますます強くなっていく顧客の力を利用して、革新的なビジネスをつくりあげたいと思っている、楽観的で創造性に富んだ起業家にとっては最高の時代といえるだろう。

適応型《アダプティブ》ミドルクラスの時代

政治家は見て見ないふりをしているが、適応型イノベーターであれば、すでに知っている現実がある。過去60年にわたって欧米の経済を形づくってきた、常に上を目指すミドルクラスのライフスタイルがもはや持続不能となっているということだ。

その一方で、20億人を超す新興市場国の消費者が、2020年代には世界のミドルクラスの仲間入りをすることが見込まれている。わたし自身、急速に伸びているこのミドルクラスのニーズを見据えて、アジアで展開しているビジネスに参加している。

顧客の経験価値において妥協することなく、製品やサービスを、破壊的な価格で提供する仕組みをつくりあげる適応型イノベーターたちの才能には本当に感心している。

今後は新興市場国から、欧米のミドルクラスが抱える問題に対して、クリエイティブな解決策が提示されるようになるだろう。今後を「適応型ミドルクラス」の時代としてとらえてほしい。

適応型ミドルクラスの顧客はどのように行動するだろうか。そこでは、ぜいたく品と手頃な価格の商品との間でトレードオフが起こるだろう。

わたし自身、昔は一度に何着もブリオーニのスーツを買っていた。最近では、ルルレモン、ユニクロ、Jクルー、ディーゼルといったブランドを好んで買っている。なぜかといえば、着心地が良いからだ。

たとえばユニクロの商品は生地が呼吸をし、気候に合わせて自動的に温度を調節してくれる。さらに出張が多いこともあり、飛行機に持ち込めるサイズの鞄に心置きなく詰め込める。こうしたほどほどの価格の衣類はとても重宝している。

腕時計もあまりしなくなった。スマートフォンのほうが正確でわかりやすいからだ。

ニューヨークでは地下鉄と徒歩でどこにでも行く。ニューヨークを走るタクシーの顧客の経験価値は高いとはいえない。ウーバーができてからは、ウーバーをよく利用している。

適応型《アダプティブ》ミレニアル世代が革新的なビジネスの担い手

ミレニアル世代（1980年代~2000年代初頭に生まれた世代）に注目してほしい。

彼らは生まれたときから画期的なテクノロジーに囲まれて生きている。いつでもどこでもモバイル機器とアプリがあることが前提となっている。

従来のテレビはあまり観ない。新聞や書籍は情報を求めてざっと目をとおすだけで、最後までじっくり読むようなことはあまりしない。ソーシャル・メディアにはどっぷりとつかっている。書くときに省略形を好む。

過去のどの世代よりも高い教育を受け、過去のどの世代よりもフルタイム就業率は低い。仕事が見つからないので、自らビジネスを起こす人も多い。その際、目標としてしばしば強調されるのは、自分たちの仕事の社会的価値だ。

ミレニアル世代は、ぜいたくな消費を求めない。仕事があれば次々と転職する。シェアすることに抵抗がなく、所有するより借りるほうを好む。節約のために高いレストランで食事をしたりはしないが、ヒップホップのコンサートの高いチケット代は惜しまない。そして、上の世代よりも貯蓄している。

今後は、こうした適応力のあるミレニアル世代が革新的なビジネスの担い手となっていくはずだ。

革新的なビジネスをどうやってつくりあげるか

さて、本書でもっとも主眼を置きたいのは、「革新的なビジネスをどうやってつくりあげるか」という問いに対する答えである。

まずは説得力のあるアイデア、いうなれば「ビリオンダラー・コンセプト」をつくることについて述べる。

それから、わたしがよく知っている、あるいは実際にかかわっている企業の中から急成長している実例をあげ、適応型イノベーターが巨大な企業をつくるために採った画期的な戦略を提示したい。

その1つが、前例のないレベルでの品質を持つ顧客の経験価値を提供することだ。さらに、そうした顧客の経験価値と破壊的な価格を組み合わせることができれば、最強のビジネスモデルとなるだろう。

また、適応型イノベーターが新しいビジネスをつくりあげる過程で、実際に使える具体的なツールも紹介したい。

わたしたちはこれまでとはまったく異なるビジネス環境にいる。わたしは昔から楽観的な人間だが、仕事をするには今が一番刺激的でおもしろい時期だと感じている。

本書が、企業の内外にいるイノベーターにとって、新しい時代のビジネスをおこすきっかけになれば幸いである。

ジョン・スカリー

はじめに
顧客主導への「ムーンショット」
ムーンショットが世界のあらゆる業界に変化をもたらす
新しいタイプの起業家「適応型イノベーター」
適応型企業のフレームワーク
適応型ミドルクラスの時代
適応型ミレニアル世代が革新的なビジネスの担い手
革新的なビジネスをどうやってつくりあげるか

PART 1 ムーンショット！

24

1-1 ムーンショット！

パーソナルコンピューター――発明の天才・ウォズ

ウォズの発明の波及効果
押し寄せるテクノロジーの4つの波
現代のムーンショット――顧客が力を持つ
ネットワーク効果
適応型イノベーター――現代の起業家
適応型企業――生き残りと繁栄の鍵

1-2 なぜ「高い志」が必要なのか

1-3 なぜ、今10億ドル規模のビジネスを目指すべきなのか
経済環境が示す適応型イノベーターの出番
従来型ビジネスの崩壊
ヘルスケア業界の崩壊
教育の崩壊

PART 2 ミドルクラスの変容 95

2-1 アメリカでは何が起きているのか
ミドルクラスを襲った経済危機
大変革の中心にあるもの――仕事を再定義する
新しい適応型ミドルクラス

2-2 新興市場で急増するミドルクラス
アリババに代表される中国の活況
甚大な影響力を発揮する新生インド
台頭するミドルクラスの未来

PART 3

いかに10億ドル規模のビジネスのコンセプトをつくるのか

131

3-1 10億ドル規模のビジネスへのイントロダクション

3-2 10億ドル規模の問題を解決する

3-3 「もっと良い方法が必ずある」
ビジネス・ツー・ビジネス（B2B）における「もっと良い方法」

3-4 価格を破壊——隠れる場所はない
価格破壊という破城槌

3-5 抜きんでた顧客の経験価値を提供する
顧客の経験価値を中心に据える

経験価値マーケティングの威力「ペプシ・チャレンジ」
顧客の経験価値を測る

PART 4
成功を導く強力なツールとは？

199

4-1 一流の準備をする
4-2 正しい質問をする
イノベーションは聞くことから始まる
正しい質問をする
4-3 専門分野を持つ
ヘルスケア大手が新規分野をつくる
徹底的に分析する
4-4 正しい人材をバスに乗せる

年齢は強みである
新しい人材ビジネス
4-5 ズーミング
4-6 未来から逆算する
10倍良い解決を目指す
ビジネスプランは時代遅れ
逆算プランニングの方法
4-7 困難からの方向転換
リスクを管理する
プランBを用意する
失敗に対処する
わたしの失敗——ニュートン
ニュートンのその後
わたしがアップルを解雇された理由

失敗が許されるアメリカ社会
4-8 メンターを見つける
ベビーブーマーへのアドバイス

PART 5 ムーンショット 289
5-1 適応型イノベーターの時代
5-2 適応型イノベーターが知っておきたい6項目
5-3 革新的なビジネスをつくりあげる10原則
5-4 数年後に目を配る

おわりに

PART 1

ムーンショット!

MOONSHOT!

1-1
ムーンショット！

「本人が意識しているかどうかは別として、今は誰もが起業家であると思う」

――リード・ホフマン
リンクトインの共同創業者、会長

1982年11月。サンフランシスコ・ベイエリアに住んでいる人以外には無名の地だったシリコンバレーで、わたしはどんな1日になるのかとワクワクしていた。
ペプシコーラのプレジデントをしていたわたしがそこにいたのは、CEOを探していたアップルに招かれたからだった。当時、アップルの売上高は5億ドル程度にすぎなかった。宿泊したパロアルトのリッキーズ・ハイアット・ハウスからクパチーノに向かって車を走らせながら、ボストンのルート128と同じような、ガラス張りの現代的な建物が並ぶ光景を思い浮かべていた。

しかし、そこはシリコンバレーで、予想とは大きく違っていた。クパチーノのバンドリー・ドライブを走ってアップル・コンピュータの本社にたどりついたときには、住所を間違えたと思った。住宅地の一角に、ティルトアップ工法で建てられた平屋と2階建ての建物が5棟ばかりひっそりと立っていたのだ。

スティーブ・ジョブズに会ったのはこのときが初めてだった。当時のアップルのCEOマイク・マークラと1時間ほど話をしたところで、ジョブズがやってきて、マークラは席をはずした。その後の1時間、わたしたちはお互いを探りあった。

その自信あふれる物言いにわたしはすっかり圧倒された。ジョブズは、「パーソナルコンピュータは人類史上もっとも重要な教育ツールになる」と熱弁をふるった。27歳のジョブズは、豊かな黒髪と相手を貫くような黒い瞳を持った、健康的ですこぶるハンサムな若者だった。

わたしはカーキパンツにオープンカラーの青いシャツ、青いジャケットを身につけていたが、ジョブズに会ってすぐに自分が場違いなところに来てしまった気がした。ジョブズは、このあと会う人たちと同じようにTシャツにジーンズ姿だったからだ。

ジョブズはわたしを連れて建物を出ると、バンドリー・ドライブをわたって、バンドリーⅡと呼ばれる平屋の建物に案内した。屋根の上には海賊旗がはためいていた。なかに入ってさらに行くと、そこには小さな作業場があった。どのエンジニアの机の上もさまざまな機器でいっぱいだった。

そのなかでわたしの目を引いたのは、明るく光る10インチのディスプレイだった。その隣にはアンディ・ハーツフェルドという細身の若いエンジニアが満面の笑みを浮かべて立っていた。突然、ジョブズがそれまでとは打って変わって真剣な口調でいった。

「これからお見せするものは、社外の人間にはまだ見せたことがありません。ここで開発しているのは、専門知識のない人でも簡単に使えて、しかも手頃な値段で購入できる世界初のパーソナルコンピュータです。このプロトタイプがＭａｃになります。これが世界を変えます」

アンディがキーボードに向かって、すばやくタイプすると、スクリーン上で5本の小さなペプシ缶が踊りだした。

「これはまだほんの序章にすぎません。最終的には誰もが自分のコンテンツを美しいフォントとグラフィックで伝えることができるようになります。こういうアニメーションを入れることだってできます。相当すごいことになりますよ」

ジョブズは自信満々に語った。

グーテンベルクは、1436年にラインラントのマインツで印刷機を発明した。のちにヴェネツィアのアルドゥスは、この印刷機を使って書物を印刷し、あちこちの町で売るようになった。これにより、それまで起こり得なかったことが起きた。読むことができる人であれば、誰でも刺激的な知識に触れることができるようになったのだ。

歴史、科学、文学、神学は瞬く間にヨーロッパに広まった。ルネッサンスにより、文化に目覚めた人々は暗黒時代に別れを告げた。千年にわたった封建社会は終焉を迎え、人類は新しい時代へと突入した。

ジョブズは部外者であるわたしに、このアップルの秘密プロジェクトを見せるにあたって、開発チームに作り話をしていた。見学に来るのはペプシコーラのCEOで、Macの最初の大口顧客になるかもしれないと。

「だから、びっくりさせるようなものをつくってくれ」

そう指示していたのだった。しかし、このときのわたしは、10インチのディスプレイのなかで白黒のペプシ缶が踊っているのを見て、それがどのくらい技術的に難しいことなのかよくわかっていなかった。

これが、わたしが初めてムーンショットに触れた瞬間だった。

ムーンショット（月への打ち上げ）という言葉を初めて聞いたのは、1961年にジョン・F・ケネディ大統領がおこなった演説だった。

大統領は1957年に、ソビエトが世界初の人工衛星であるスプートニクの打ち上げに成功したことで意気消沈しているアメリカ国民を元気づけようと、「1960年代の終わりまでに、アメリカは月に人間を送り、無事に帰還させる」と高らかに宣言した。

胸が高鳴った。理論上はおそらく可能なのだろう。だが、相当難しいはずだ。

1969年7月20日、わたしはセントラル・パークで2万人の見物客に交じって、巨大スクリーンに映し出された人類初の月面着陸の様子を見ていた。月面着陸船イーグルが着陸に何度も挑戦するのを、群衆は固唾をのんで見守った。

ついに着陸に成功し、ハッチが開いてニール・アームストロングとバズ・オルドリンがはしごを下りる。東部標準時間4時18分、アームストロングは月面に着陸した人類初の人となり、こういった。

「一人の人間にとっては小さな一歩だが、人類にとっては偉大な飛躍だ」

この瞬間、群衆からは耳をつんざくような歓声があがり、みんな抱き合って喜んだ。これが元祖ムーンショットだ。

1969年のこの偉業も、アメリカで「真空管からトランジスタ」への移行がなければ、成し遂げられなかっただろう。アポロ11号を月まで飛ばすために必要とされた遠隔測定技術には、軽量化された小型トランジスタの開発と、そのための特別な改良が不可欠だった。

NASAはこの研究を支援し、多くのハイテク企業が取り組んだが、なかでも重要な役割を果たしたのがゴードン・ムーアとボブ・ノイスによって設立されたインテルだった。

アームストロングの月面着陸成功は多くの学生を刺激し、科学、数学、工学の人気を高めることになった。このとき、こうした学問の道に進んだ学生がのちに、その技術と創造力を駆使して、パーソナルコンピュータの時代の幕を開ける。

わたしはジョブズとともにその瞬間を目撃した。

ラリー・ペイジは類まれな才能で世界を変えるビジネス・リーダーであり、グーグルは型破りな飛躍を続けている。

今では、ムーンショットはシリコンバレー用語として定着し、それまでの流れを変える破壊的なイノベーションに与えられる称号となっている。

スティーブン・レヴィは著書『In the Plex』(邦訳『グーグル　ネット覇者の真実　追われる立場から追う立場へ』)のなかで、グーグルとラリー・ペイジには「不可能に対する健全な軽視」の姿勢があると述べている。

実際、自動運転車に取り組むなど、ムーンショットに関して、ラリー・ペイジは先頭を走っているといって良い。

シリコンバレーで毎年開かれる「ソルブ・フォーX」というグーグルのイベントほど、ムーンショットを後押しする場所はない。グーグルのムーンショットの責任者であるアストロ・テラーはこれを「明確に定義された問題について、物理的に可能な範囲でおこなう10倍思考」と呼んでいる。

そして、可能性の低いことを10倍思考で取り組むことは、可能性の高い10パーセント収益アップよりもやる気になるし、情熱も生まれるという。*1

ソールブ・フォーXのバイス・プレジデントを務めるミーガン・スミス（わたしがアップルで一緒に働いた人材のなかで、もっとも有能な一人）は、今後も最高の人材をこのプロジェクトに配置するといっている。普通の大企業はこういう考え方はしない。グーグルは違う。

パーソナルコンピューター——発明の天才・ウォズ

スティーブ・ウォズニアックは、本当に役立つパーソナルコンピュータを世界で初めて開発した。並ぶものはいないほどの天才で、トーマス・エジソンのように「破壊的なイノベーター」だった。

「それで、ウォズ、君は何になりたかったんだい？」

最近、彼と話をしたとき訊ねたところ、ウォズは次のように語ってくれた。

「起業なんて考えたこともなかった。あれはすべてジョブズのアイデアだった。ぼくたちは会社を5社つくったけど、唯一生きのびたのがアップルなんだ。アップルを立ちあげる

＊1　2003年のワイヤードの記事のなかで、アストロ・テラーはこういっている。
「多くの場合、10パーセント良いものをつくるより、10倍良いものをつくるほうが簡単だ。10パーセント良いものをつくろうとすれば、どうしても今あるツールや前提をもとに取り組むことになる……。10倍良いものを目指せば、勇気と創造力に頼らざるを得ない。そういう取り組みをしたからこそ、比喩的な意味だけでなく、文字どおり人間は月に行けた。目標を高くすれば情熱が生まれる。直感に反するけれど、もっとも困難な目標のほうが達成しやすい」
"Google × Head on Moonshots: 10 × Is Easier Than 10 Percent."Wired, Feb. 11, 2013:

前は、ヒューレッド・パッカードにエンジニアとして勤めていて、会社にも仕事にも不満はなかったけど、世界一のエンジニアになりたいと思っていた。だから、ミニコンピュータを設計しては、ペンで紙に書き記していた。実際につくるお金はなかったからね。だけど、当時ヒューレット・パッカードが、すばらしいプログラムを用意してくれた。おもしろいものをつくろうとしているのであれば、パーツを無料で持って帰って良かったんだ。それで、ほかの人が数千ドルもかけてつくるものを、1ドルのチップでつくった。なぜかって？ぼくは生粋のハッカーだったし、自分のものがほしかったし、それに本当にコンピュータをつくりたかったんだ」


ウォズをパーソナルコンピュータの開発に向かわせたものは何だったのか。

それは、恥ずかしがりやで天賦の才能を持った11歳の少年が、自分の数学の能力に気づいたときに生まれた情熱だと思う。コンピュータに数学は欠かせない。

レジスタにロードするとき、それぞれのレジスタにロードするもの、コマンドを実行するとき――あらゆる場面で数学が使われている。

そのことに気づいたウォズは図書館で、１９７０年代に販売されていたさまざまなミニコンピュータの信号処理について書かれた論文を読みあさった。こうして彼はコンピュータに関する専門知識を増やしていき、当時のコンピュータについて膨大な量の知識を携えるようになった。

同時に彼はハッカーでもあったので、ほかの人が高いコストをかけて解決した問題を低コストで解決しようとした。それはまた違った領域だった。彼はハッカーという専門性と伝統的なコンピュータ科学の専門性を自分のなかで融合させた。すべてが独学だった。

アップルⅠの回路基板の設計にあたっては、ハッカーとしての才能を発揮して、コストをかけず、それまで解決されたことのなかった問題を解決した。

ウォズのつくった最初のコンピュータ、アップルⅠはマニアのものだったが、次に開発したアップルⅡは一般の人に向けたものだった。その発端となったのは、ジョブズのアイデアだった。

「回路基板とモニターをつなげたセットじゃなくて、簡単に使える一体型のコンピュータを開発しようじゃないか」

この構想にしたがって、ウォズはアップルⅡをつくりあげた。

ウォズから最近、おもしろい昔話を聞いた。70年代の終わり頃、彼はラスベガスに行ってみたいと思っていた。アップルはラスベガスで開かれるコンシューマー・エレクトロニクス・ショーに、アップルⅡを携えて初めて参加することになっていたものの、資金的に厳しかったので現地に行くのは3人ということになった。

共同創設者でマーケティングの責任者だったマイク・マークラ、CEOのマイク・スコット、そしてスティーブ・ジョブズだ。しかし、ウォズはどうしても行きたかったので、3人にある提案をしたという。

「もし、フロッピー・ディスク・ドライブを開発できたら、一緒にラスベガスに行ってもいいかい？」

ショーまでは1カ月もなかったが、提案は受け入れられた。当時、フロッピー・ディスク・ドライブなどというものは市場になかったからだ。

ウォズは何日も徹夜を続けながら、頭脳をフル回転させて取り組み、ついにつくりあげた。こうして彼はラスベガス行きのチケットを手に入れた。フロッピー・ディスク・ドライブつきのアップルⅡを携えて、現地に乗りこんだのである。

当時、パーソナルコンピュータ向けのフロッピー・ディスクを見たことがある者は、世界中を探しても一人もいなかった。ビック・ミニコンピュータやメインフレームにはあったが、数千ドルもする高価なものだったので、パーソナルコンピュータ向けの安価なフロッピー・ディスクは、実現不可能だと思われていた。

アップルⅡもプログラム・コードは小さなテープ・レコーダーに保存していた。ラスベガス行きという餌につられて、ウォズはフロッピー・ディスク・ドライブを開発したのだった。

1970年代を振りかえると、ビル・ゲイツ、スティーブ・ジョブズ、ラリー・エリソンといった破壊的なイノベーターは、ウォズと同じように大学を中退して起業家になっている。

なぜだろうか? 当時の大学教育では、業界を根底から変えていくのに必要な新しいテクノロジーを身につけることはできなかったということだろう。

わたしは妻のダイアンと一緒に、どう考えても解けそうもない数学のパズル問題をつくっては、紙に書くこともなく解いてしまうウォズを何回も見ている。そのたび、彼の頭のなかはいったいどうなっているのかと思った。

だが、彼のこの才能が大きな成功をもたらす。まずは、回路基板とチップとDRAMメモリでアップルⅠをつくり、スティーブ・ジョブズと、ポール・テレルのバイト・ショップ1号店を通じて666・66ドルで売った。

その後、カラーテレビのモニターにフォントとグラフィックを表示させるアップルⅡを開発した。誰もが不可能と思っていたものだった。

ウォズの発明の波及効果

ウォズのコンピュータ開発に成功の芽を見いだし、誰でも使える一体型のアップルⅡを思いついたのはジョブズだった。

アップルⅡは、それまでのマニア向けのコンピュータと違って、プログラムを作成する必要はなく、ソフトウエアを入れるだけで、表計算をしたり、手紙を書いたり、データを保管したりして、あとで取りだすことができた。さらにジョブズは、キーボードを一体化させた美しいABS樹脂のケースを採用した。

こうして一般の人々が手頃な価格で買えるパーソナルコンピュータという、業界初のムーンショットが実現した。

ジョブズは、ウォズとは違う種類の天才だった。エンジニアではなかったが、高い志を掲げて未来を見通す力を持ち、エンド・ツー・エンドのシステムを直感的に思い描くことができた。

システム・デザイナーとして、高みから俯瞰（ズームアウト）して点をつなぐ能力と、細部に集中（ズームイン）して簡素化する能力を併せ持っていた。それが、簡単な操作と美しさが両立するコンピュータの実現につながったといえる。

ジョブズは、ほかの天才の発明品の将来を見通して、それらを「世界を変える製品」に変換することにかけて天才だった。

彼はコンピュータをたとえて「知性の自転車」といった。皆がコンピュータを手にすれば、一人ひとりが世界を変える主体になると信じていた。そのためには簡単に使えて、誰でも買える価格にしなければならない。

ジョブズは細かいところまでこだわった。彼にはカリスマ性があり、そして、アップルⅡとその後のＭａｃを絶対に成功させるという揺るぎない信念があった。

ビル・ゲイツもまた真の天才だ。だが、技術に精通し、独学でコンピュータの知識を身につけた彼は、ジョブズともウォズとも違うタイプの天才だった。

まさしく適応型イノベーターであり、パーソナルコンピュータの時代になれば、ソフトウエアのライセンスと、小売店でディスクとして販売するアプリケーション・ソフトの製作が重要になると考えていた。そして、並はずれた集中力を持って信念を貫いた。

彼がわたしたちにとって最高のライバルになったのは、この信念と姿勢があったからに違いない。業界中の人間から追われる立場になってもひるむことなく突き進み、ソフトウエア市場での圧倒的な地位を確立させた。

わたしがアップルに入った頃のジョブズは、先を見通す力には長けていたが、頑固でまわりの意見を受けつけず、自分の考えに固執する人間だった。そのため、Ｍａｃ開発のすべての重要な側面で自ら決断しなければならなかった。

この頃のジョブズを適応型イノベーターと呼ぶことはできない。ゲイツと違って、実利的にものを考えることができなかったからだ。

１９８５年にアップルを去り、ＮｅＸＴを創業し、また、映像制作会社のピクサーをジョージ・ルーカスから取得したあとも、何事にも妥協しない彼の姿勢に変わりはなかった。

ＮｅＸＴもピクサーも倒産寸前まで追い込まれたことがある。それでも、ジョブズのシステム・デザイナーとしての天賦の才能は、のちのシリコンバレーに重要な役割を果たす両社にとって大きな意味を持っていた。

ＮｅＸＴはコンピュータ会社としては失敗したが、１９９６年にアップルに4億ドルで売却され、ＮｅＸＴのオペレーティング・システムはＭａｃのＯＳとなった。コンピュータの処理能力は、ムーアの法則が予測したとおり着実に向上していき、１９９０年代半ば頃には、コンピュータでアニメーションがつくれるようになった。

この流れを受けて、ピクサーはコンピュータ会社からアニメーション制作会社に路線を変更し、のちにディズニーに70億ドルを超える金額で売却された。

アップルを去ってから12年後に復帰したときには、ジョブズは経営者として成熟していた。すばらしいシステム・デザイナーであることに変わりはなかったが、加えて適応力のあるイノベーターとしての能力も身につけていたのだ。

当時停滞していたＭａｃを改良してｉＭａｃをつくり、ジム・クラークとマーク・アンドリーセンが開発したネットスケープを利用して、その頃スタートしたばかりのワールド・ワイド・ウェブに手軽にアクセスできるようにした。これぞまさしく適応型イノベーターの製品だった。時期的に見ても、システム・デザインの観点から見ても完璧だった。グミキャンディーを思わせるデザインやカラフルなラインナップは、ハイテク業界に家電デジタル製品の時代が到来したことを知らしめた。このコンセプトとデザインは世界中で絶賛された。

ｉＭａｃの発表に先駆けて、アップルのＣＥＯとして復帰したジョブズが最初に下した決断は、ＭａｃＯＳのライセンス契約を破棄することだった。この契約は、わたしがアップルを去ったあとに進められたもので、会社を倒産の危機に追いこむ原因になっていた。その後、ジョブズはｉＰｏｄを発表した。彼のエンド・ツー・エンドのシステムをつくる能力と、テクノロジーと音楽の両方への愛情が組み合わさってできた製品だった。

これもまた、彼が適応型イノベーターだったことを示している。

さらに、1997年には領域を広げ、エンターテインメントを取りこんでいる。今ではハイテクとエンターテインメントの融合は当然のものとして受けとめられているが、ジョブズが1990年代半ば頃に、ピクサーのアニメーション映画やiMac、iPod、iTunesを成功させるまでは、一般的なものではなかった。

彼の多方面にわたる専門性は、コンピュータと美しく使いやすいデバイスに収められた音楽を結合させ、iPodとiTunesという、エンド・ツー・エンドのシステムを実現させた。

iTunesストアでは、アルバム全体ではなく、曲ごとに99セントで購入できるようにした。その結果、レコード業界は再定義されることになった。

さらにシリコンバレーの人間を驚かせたのは、iPodをウィンドウズのコンピュータでも使えるようにしたことだった。わたしが知っている1980年代のジョブズであれば、絶対にそんなことはしなかっただろう。

ジョブズのムーンショットのなかでも最高峰に位置づけられるものといえば、iPhoneだ。適応型イノベーションとして、これ以上の見本はない。

これも多方面の専門性が融合したものだ。1回の充電で、長時間利用可能な低価格の小型家電が、移動無線技術と結びついたのだ。

ハイテク業界ではタイミングがすべてといっても過言ではない。ｉＰｈｏｎｅも例外ではなく、ＡＴ＆Ｔなどの携帯電話事業者が２Ｇから高速の３Ｇへと移行し、ＧＰＳ機能や写真や動画をより速く送受信するサービスが実現されていなければ、これほどまでには成功しなかっただろう。

スマートフォンという洗練された巧みなシステムが、アップストアというすばらしいコンセプトと相まって、トータルなエンド・ツー・エンド・ソリューションとして提供されたのである。ｉＰｈｏｎｅは最高傑作だった。そして、その成功により、スマートフォンは文化的な道具として、世界中で欠かせないものとなった。

グーグルのエンジニアであるアンディ・ルービンは、すぐにｉＰｈｏｎｅに追随し、オープンソースのプラットフォームとしてアンドロイドを開発したが、マイクロソフトは完全に出遅れた。

モバイル機器が世界をどのように変えたかについては、のちほど見ていくことにするが、いずれにしても、すべての革命はスティーブ・ジョブズのｉＰｈｏｎｅから始まったのである。

押し寄せるテクノロジーの4つの波

今、4つのテクノロジーが1つの大波となって、かつてない勢いで押し寄せてきており、第2次デジタル時代を先導している。

ピーター・ディアマンディスは、著書『Abundance』（邦訳『楽観主義者の未来予測 上・下』）のなかで、この新しいデジタル時代のリソースの豊富さについて指摘している。しかも重要なデジタル・テクノロジーは急激に進化しているという。

The first leg

テクノロジーの1つ目の波は、クラウド・コンピューティングだ。登場したのはわずか5、6年前だが、すでに当たり前のように使われている。なぜ、これほどまでに急激に進化したのかといえば、処理能力が進化したからだ。

2008年には、800エクサバイトのデータが世界にあるといわれていた（1エクサバイトは10の18乗バイト）。それがどのくらいのデータ量なのか、感覚でつかんでもらうために、わたしが聞いたわかりやすい話をしたい。

まずは1枚のDVDに目いっぱいの情報が保管されていると考えてもらいたい。次にそのデータが詰まったＤＶＤで、ジャンボジェット機の客室をいっぱいにする。１エクサバイトのデータというのは、このジャンボジェット1万５０００機以上に相当する。

２０２０年には、データは４万エクサバイト（！）になるといわれている。もちろん、これは見積りにすぎない。同時に、クラウド上でデータを保管するコストは過去２年で、1ギガバイトあたり、５ドルから25セント以下に下がっている。

ヒューレット・パッカードＣＥＯのメグ・ホイットマンは、最近、巨大なクラウド・データ・センターを、「ザ・マシン」という名の冷蔵庫サイズのボックスに縮小する方法を開発したと発表した。ＩＢＭは、桁違いのデータ処理能力を実現するために、グラフェンなどの新しい素材を使う技術に30億ドルを投資すると発表した。

わたしたちは、まだ処理能力の急速な伸びの初期段階にいる。クラウドは、バックオフィスで使われる、容量が大きく安価なコンピューターシステムという以上の意味がある。今までにできなかったことが、クラウドによって可能になるからだ。データを根本から評価しなおすことになるだろう。

こうたとえたらわかるだろうか。

19世紀の産業化時代には、流れる川は工場の動力源として利用された。20世紀には同じ川が発電に利用され、できた電力はケーブルによってあちこちに運ばれるようになった。電気は資源として欠かせない。わたしたちは毎日当然のようにプラグを差しこんで利用している。

将来、クラウドでのデータ処理や保管も、水道や電気、天然ガスのようにいつでもすぐに利用できるようになるだろう。

The second leg

テクノロジーの2つ目の波は、世の中のあらゆるモノに通信機能を持たせ、インターネットに接続できるようにする、いわゆる「モノのインターネット」だ。

シスコCEOのジョン・チェンバースは「2020年代の初めには、400億というデバイスがワイヤレスでつながっている」と予測する。

地球上には70億人の人間と60億の携帯電話しか存在しないのに、そんなことが起こり得るのだろうか。答えはイエスだ。

わたしたちは、小型センサーがワイヤレスで通信する新しい時代に生きているからだ。人間同士ではなく、機械同士がつながるのである。これはすべての産業に変化をもたらし、顧客を賢くするだろう。

たとえば、GEのジェットエンジンには500のセンサーが内蔵されている。飛行中はそれらのセンサーが働き、海上で収集したデータは、航空会社、飛行先のメンテナンス会社、GEに自動的に送られる。

身近な例でいえば、アップルの新しいヘルスキットもそうだ。アプリの開発者は、iPhoneに組み込まれた10個のセンサーからデータを収集できる。また、医療の分野でいえば、自宅にいる患者の情報をリアルタイムで収集するために利用されるようになるだろう。

わたしがシリコンバレーに足を踏み入れた30年前は、マイクロプロセッサの黎明期だった。今はセンサー時代の幕が上がろうとしている。センサーは、光、音、熱、身体の動きなど、なんでも感知できる。データ転送は次第に、マシン・ツー・マシンでおこなわれるようになってきている。

膨大な数のワイヤレス・センサーが、マシン・ツー・マシンでクラウドに保管されているデータとつながり、情報はそこでリアルタイムで高速処理されるようになるだろう。

近年起きたムーンショットの連鎖に注目してもらいたい。

マイクロプロセッサの発明というムーンショットは、インターネットというムーンショットにつながった。そしてインターネットは、ワールド・ワイド・ウェブへつながり、グーグルというムーンショットが生まれた。

いずれのムーンショットが生まれたときも人々は賢くなっている。

今は「モノのインターネット」の時代なので、今後は膨大な数の小型センサーが学習するようになるだろう。そうなると、人間だけではなく機械もまた賢くなる。

現在、グーグルの研究所にいるレイ・カーツワイルは「技術的特異点―シンギュラリティ（Singularity）」が起こると予測している。２０４０年～２０４５年ごろには、機械は意識を持ち、命を持たない新しい種として、人間よりも賢くなるだろうというのだ。

この予測を信じるかどうかは自由だが、人間が介在しない機械学習はすでに始まっており、しかも急激に進化している。

The third leg

テクノロジーの３つ目の波はビッグデータだ。ビッグデータは大量のデータの集合体であり、複数のソースからなる場合もあるし、体系化されているものもあれば、そうでないものもある。

体系化されていないビッグデータの一例をあげれば、モバイル機器のＧＰＳ機能を使って特定する個人の位置情報がある。ソーシャル・メディアが提供する動画、音声、テキストとさまざまな形をとるデータもそうだ。

消費者データは、ソースもその構成も多種多様なものとなる。企業はそうしたデータを使って消費者が望むものを予測し、その理由を考える。

わたしがシリコンバレーにいたときには、誰もが数式を駆使して、リレーショナル・データベースのような体系化されたデータツールを利用していた。

ところが、状況は一変し、今では体系化されていないデータを相手に、まったく異なるアプローチがとられるようになった。一見、関連性のなさそうな複数のデータソースを用いて、確率論により予測をおこなうのである。

わたしは大学院生として、そして卒業後は市場リサーチャーとして、ベイズ統計学やマルコフ連鎖、モンテカルロ法を学んだ。わずか数十年前には目新しい理論だったそれらは、今ではきわめて実用的なツールになっている。

こうした学問分野は「データ・サイエンス」と呼ばれ、その内容は予測分析が中心となっている。「予測」という言葉が示すように、この学問で目指すのは、関連性のないさまざまなデータを組み合わせて、データが正確である「確率」を求めることだ。

以前は、データモデルといえば、ごく少数の変数を使って仮定の状況をつくり、計算して結果を出すというものだった。今はこれに、センサーによってリアルタイムで更新される数百、あるいは数千の新しいデータを加えて、確率を計算できる。

わずか10年前でも、それほど多くの計算をリアルタイムで同時におこなうことはできなかった。クラウド・コンピューティングの進化により、これらの作業は低コストでおこなえるようになり、非常に実用的なものになっている。

知的水準の高い人々のなかにも、この新しく生まれたテクノロジーの重要性を理解していない人は大勢いる。最近、そのことを示す歴史的な出来事があった。それは同時に、データ・サイエンスを活用すれば、行動を決める要素と、それに影響を与える要素を見抜くことができることも示唆している。

ＭＩＴテクノロジー・レビュー誌によれば、２０１２年の大統領選挙の際、オバマ大統領陣営には、ロムニー側が持っていないツールがあったという。オバマ陣営は２００８年の選挙運動のときからデータ・サイエンスを活用していたので、自分を支持する有権者の基本情報を蓄積していたのだ。

２０１２年、チームはこのデータベースを更新した。再選のためには、２０１０年の中間選挙で喫した大敗による暗いムードを追い払わなければならない。レビュー誌はこう述べる。

「オバマの大統領就任から2年、民主党は過去数十年のうちで最悪の敗北を味わった。医療保険制度の改革や金融改革を実現させた議会は完全に崩れ去った」

オバマ陣営が選挙の数カ月前に、支持層を対象に大統領の人気を調査したところ、重要な事実が判明した。多くの支持者が２００８年のときほど熱烈には支持していなかったのである。しかし、同時に、保守層がそれほどロムニー候補に入れ込んではいないこともわかった。

経験豊富なマーケッターは、消費者の行動を変えることがいかに難しいかをよくわかっている。オバマのチームは支持者の考えを大きく変える必要はなかった。ただ、選挙当日に投票所に足を運んでもらうように背中を押すだけで良かったのだ。

一方のロムニー陣営のアドバイザーには高学歴なビジネス・コンサルタントが多く、体系化されたデータを扱う技術は十分にあった。彼らは、週ごとに伝統的な調査をおこない、浮動票の行方を占うために、無党派層のなかの重要なグループを少数の指標を用いて観測した。

しかし、レビュー誌によれば、「ロムニー陣営のデータ分析チームの規模は、オバマ陣営の分析チームの10分の1にすぎなかった」という。

オバマ側のデータ・サイエンティストたちは、ソーシャル・メディアからテレビの視聴傾向にいたるまで、あらゆるソースから常時集めた体系化されていないデータをもとに数百の属性を追った。

それを受けてオバマ陣営のアドバイザーは、広告のなかで間違った問いかけをしているという結論を出した。そこで陣営はターゲットの選定プロセスを見直し、適切なターゲット層に適切にメッセージが届くようにした。

たとえば、彼らはある特定の層の視聴傾向を知るだけでは満足しなかった。高度な予測アルゴリズムを使ったデータ処理により詳細な情報を導きだし、潜在的な投票者1人ひとりのレベルにまで掘り下げていった。どの時間帯に、どのような番組を、どのくらいの時間観ているか。ソーシャル・メディアをどのように利用しているか。

その結果、２００８年にオバマを支持したヒスパニック系の有権者の多くは、真夜中にスペイン語のメロドラマやショッピング番組を観ていることがわかった。

データに裏づけされた情報を手にしたオバマ陣営は、ターゲット層を正確に把握し、適切なメッセージを適切な時間帯に、適切な媒体で届けることができるようになった。こうした戦術が見事に奏功し、オバマ大統領は51パーセントの票を獲得して再選を果たしたのだった。

オバマのチームは、ロムニー陣営の専門家より一貫して優っていた。その差は、たんに使い方を知っているツールを持っていたか否かであった。ロムニー側は、ツール自体を知らなかったか、知っていたとしても使い方を理解していなかったのである。

最近、こうした話をあらゆる業界で耳にする。そこにはデータ・サイエンスを「駆使している人たち」と「そうでない人たち」という2種類の人間がいる。こうした変化が今、ビジネスの世界でおこっている。

クラウド・コンピューティングの力とワイヤレス・センサーを組み合わせれば、あらゆる種類のデータを手にできる。さらに、体系化されていないデータをもとに予測分析をおこなえば、テクノロジーの巨大な波を実感できるだろう。

わたしたちは今、データ・サイエンスの嵐のなかにいるといっても良い。重要性のうえでは、数十年前にインターネットが出現したときに匹敵するほどのシステムの変化が根底にある。

The fourth leg

そして最後、テクノロジーの4つ目の波は、モバイル機器だ。スマートフォンは消費者にとって、もっとも重要な文化的な道具となった。

1993年1月、わたしはラスベガスで開催されたコンシューマー・エレクトロニクス・ショーで基調講演をおこない、「アップルではコンピューティングとコンテンツ、そして通信を1つにまとめることを考えている」という話をした。

これは、パーソナル・デジタル・アシスタント（PDA）という新しい機器――手に持って操作できる小型の機器で、キーボードを持たず人工知能を搭載したもの――の時代の到来を示すものだった。

その半年前には、アップルの企業戦略の責任者をしていたダグ・ソロモンが、日本の箱根で同じ未来を予見していた。わたしたちはエンターテインメントとテクノロジー業界のリーダーを招いた会議の席で、ダグの分析を論じてもらった。このころはまだ、異なる業界のリーダーが一堂に会するというのは非常に珍しいことだった。

箱根では、アップルの有能なイベント・プロデューサーであるサジーブ・チャヒルの尽力により、さまざまな業界の世界的企業から経営幹部（互いに面識はない）が集まって、これから業界を変えていくテクノロジーについて話し合うことができた。

１９９３年初頭の段階では、コンシューマー・エレクトロニクス・ショーの聴衆にとって、ＰＤＡのコンセプトは少々奇妙なものに聞こえたかもしれない。通話以外の機能を持つデジタル・モバイルはまだ登場していなかったからだ。

このときのわたしは「ＰＤＡが将来、世界中に広まる」という自分の予測が、議論を巻き起こすとは思ってもいなかった。

マスコミはばかげた話だとして、こぞってわたしを批判した。彼らがいうには「１９９３年までに販売されたパソコンの台数は、全部あわせても数億台にしかならないレベルなのだから」とのことだった。

ある新聞は、「アップルはＰＤＡのニュートンを十億台以上売るつもりだ」とわたしがいったとして攻撃した。この記事は名の通った新聞のものだったので、ほかの新聞も鵜呑みにして同じような記事を書いた。ニュートンの販売予測について、わたしは一言も口にしなかったのだが、どの新聞も確認を取ることはしなかった。

ここに教訓がある。もし、公の場で話をするのであれば、あなたの話が正しく伝えられていないというくらいで文句をいってはいけない。注目度が高ければ高いほど、メディアはそれが失敗したときには喜ぶものだ。気にしないようにすることを覚えなければならない。

スマートフォンはもはやたんなる電話ではなく、利用者のデジタル・アシスタントという重要な役割を担っている。スマートフォンはすでに欠かせないものになっている。個人向けのアプリも同様だ。

アップルのシリのようなアシスタント機能は、斬新なものとして登場した。しかし、今後はシリに限らず、あらゆるアシスタント機能が進化していくだろう。このようなパーソナル・デジタル・アシスタントが利用者のあらゆる情報を手にして、利用者が望んでいることや必要としているものを理解する時代もそう遠くないはずだ。

最初に登場したシリは斬新だったが、パーソナル・デジタル・アシスタントはすでに第2世代へと移行している。グーグルのナウ、マイクロソフトのコルタナ、そしてスペイン語に特化したシェルパなどがそうだ。

シェルパは、スペインのビルバオに住むわたしの友人ハビエル・ウリベ・エチェバリアが開発した。これはほかと比べても一歩先に進んでいる。利用の履歴を蓄積し、その結果、どんどん賢くなるようにできているからだ。しかも、個人のデータを利用して電子商取引につなげている。

これらのバーチャル・アシスタントは質問を投げかけるとすぐに答えてくれる。今後は無数のセンサーから情報を得て、機械が学習するシステムが進化していくだろう。そうなると必然的に、モバイル機器を使用する人々はますます賢い消費者となっていく。

たとえば、ショッピング・モールを歩いていて何気なく立ち寄った店の商品の質や値段についてもスマートフォンで瞬時に調べられるようになるだろうし、商品の感想を投稿したり、商品やサービスの詳細を参照したりすることももっと容易になるだろう。

そして、そうしたすべての情報が自動的にクラウドへと吸い込まれていく。

マシン・ツー・マシンやエンド・ツー・エンドのシステムの性能が今の10倍、100倍、あるいは1000倍になったときには、膨大な数のセンサーから膨大な量の情報を集めることができるようになり、ユーザーのことなら何でも知っているという世界になるかもしれない。

そのときに何が起こるかは、あなたに考えてもらいたいがほぼ無限の可能性があることだけは伝えておきたい。そして、マシン・ツー・マシンのシステムや機械学習が、なぜ消費者を必然的に賢くするのかといえば大きな理由がある。機械は人間のように疲れたりしないからだ。

こうしたことが実現すれば、経済的な力は生産者側から顧客側に移ることになる。

アマゾン、イーベイ、アップル、グーグル、バイデゥ、アリババ、テンセントなど、消費者が力を持つエンド・ツー・エンドのシステムをつくりあげた会社が、圧倒的な勝利を収めることになる。

未来のコンピューター・サイエンスは「知識労働者にとっての役立つツール」という域をはるかに超えたものになるはずだ。そこでは、人工知能を持った個人向けの非常に賢いシステムが、体系化されていないデータをもとに予測分析をおこなう。

それは信じられないほどのパワーを持ち、地球上の1人ひとりに合わせてカスタマイズされ、低価格で、そして、グローバル経済のすべての産業を変える力を持つことになる。

現代のムーンショット――顧客が力を持つ

デジタル・テクノロジーの4つの進化が組み合わさったことで、経済に及ぼす影響は、あらゆるムーンショット効果のなかでも最大のものとなるに違いない。それは、今後逆行することのない生産者側から顧客側へのパワーシフトでもある。

一昔前には信じられないようなテクノロジーが、信じられないようなスピードで進化し続けている。今では、企業だけではなく個人でも利用できる。

そうしたテクノロジーを利用して、多くのホワイトカラーの中間管理者がおこなってい る仕事を自動で処理する仕組みをつくれば、一般管理費の削減になる。これまで製造業の 現場では、アウトソーシングと力仕事をおこなうロボットが、中程度のスキルの人材に取っ て代わってきた。

今後は、ロボットに加えて、エンド・ツー・エンドのコンピューターシステムが、多く のホワイトカラーに取って代わるだろう。

中間管理者は、これまで各業務のプロセスを担う従業員を管理してきた。そして、優秀 な人材を雇用する、研修をおこなう、対立があったときには解決する、顧客の問題に対応 する、締め切りを守る、ほかのマネジャーに引き継ぐといった仕事をこなすことで、どれ だけパフォーマンスを改善できたかといった観点から評価された。

しかし、もしこれらの仕事をずっと安く、速く、効率的にこなす画期的な方法があった としたらどうだろう？　あるいは人件費にかけるより、資本に投資したほうが明らかに良 い結果になるとわかっていたら？

今後の人件費削減のシナリオにおいては、中間管理者層も対象になるかもしれない。コ ンピュータは、すべてではないにしても、特定のことに関しては人間よりも働く。単純労 働に従事する人が仕事を失うかもしれない、という話にはとどまらない。今やマネジメン ト業務に従事する人も失業の危機に直面している。

最近の消費者は、アマゾンを始めとしたさまざまなサイトから、商品やサービスの価格や評価の情報をリアルタイムで入手できる。また、フェイスブックなどのソーシャル・メディアを通じて常に友達とつながっている。その気になれば、世界中のどこでも、すぐに人を集めることができる。

史上最高のムーンショットともいうべき、こうした動きが生産者から消費者へのパワーシフトを加速させている。

顧客へのパワーシフトは、起業家にとって未曾有のチャンスとなるだろう。同時に、伝統的な産業にとっては崩壊の始まりとなるかもしれない。

これまでは「この仕事のコストを下げるにはどうすればいいか?」といった問題にばかり目が向いていたかもしれないが、今では顧客が賢くなっているのだから、事業者側も遅れをとらないように、より賢くなるしかない。つまり、事業のシステムを革新的にとらえ直し、変えていくしかない。

自分たちの従来のビジネスモデルや組織のままで、消費者に向き合おうとする企業は生き残れないだろう。変わる姿勢がある会社は生き伸びるだけでなく、成功するチャンスもある。

ネットワーク効果

友人のボブ・メトカーフは、イーサネット（コンピューターネットワークの規格の1つ）の共同発明者で、ネットワークの価値を数量化した「メトカーフの法則」でも知られている。

インターネットはコンピュータ同士をつなげ、さらにそれぞれのコンピュータをまた別のコンピュータへとつなげていく。この状況を見て、数学者でもあった彼はネットワーク効果の法則があることに気づいた。

コンピューター・ネットワーク・システムの価値は、一台のコンピュータとつながっているコンピュータの数の2乗となる、というものである。

このメトカーフの法則は、ムーアの法則にも劣らない重要性を持って、ネットワーク効果を語るときによく使われるようになった。革新的なテクノロジーが急速に広まる現状をよくあらわしているといえる。

フェイスブックやツイッター、リンクトインといった会社がユーザー数を急速に伸ばして成長した背景には、このネットワーク効果がある。フェイスブックが、スナップチャット（自動消滅機能つきの写真共有アプリ）に若いユーザーを奪い取られるのを目の当たりにして、インスタグラムを10億ドルで買おうとしたのも納得できるというものだろう。

また、モバイル広告収入がほとんどゼロだったところから、わずか2年半で収益の50パーセントを占めるまでになったのもネットワーク効果によるものだ。同様に、4億5千万人というユーザーを獲得するためにメッセンジャーアプリのワッツアップを190億ドルで買収したのも理解できる（大部分をフェイスブックの株式で支払った）。

ネットワーク効果はすべてを変える。消費者がウェブ上のサービスに大きな影響を与えるようになったからだ。

人々はほかの消費者のために商品やサービスを格付けし、ネットワークを通じてモノを勧める。

事業者側も消費者の行動特性を知ることで、店の商品棚の前に立っている客に新たな付加価値をつけることができるかもしれない。マーケティング活動にも大きな変化をもたらす。顧客による格付け、推薦、不満は真摯に受けとめる必要がある。

革新的なテクノロジーの利用と力を持った顧客に特徴づけられる新しい時代を受け入れる「適応型イノベーター」、あるいは「適応型企業」の目の前には大きなチャンスが広がっている。

適応型イノベーター——現代の起業家

これまでわたしが述べてきたのは、世界を変えるようなムーンショットを実現した本物の天才たちである。ウォズ、ゴードン・ムーア、ボブ・ノイス、アンディ・グローブといった破壊的なイノベーターたちだ。

スティーブ・ジョブズは、システム・デザインにかけては天才だったが、最初から「適応型イノベーター」というわけではなかった。ビル・ゲイツが、最近、チャーリー・ローズのインタビューで語った言葉を借りれば「技術的な面ではそれほどでもなかったが、ジョブズはその直感的なデザインのセンスで偉業を成し遂げた」といえるだろう。

システム・デザインの天才といえば、あと2人いる。それまでにはなかった電子商取引の仕組みをつくりだし、小売業界を破壊し続けているジェフ・ベゾスと、自動車業界を破壊しようとしているイーロン・マスクだ。適応型イノベーターでもある2人からは当分目が離せそうもない。

今の時代に起業家として成功するのは、適応型イノベーターだ。わたしが「高い志」と呼ぶ自身のミッションを胸に、やる気と好奇心にあふれた人たちだ。スティーブ・ジョブズやビル・ゲイツのような天才である必要はない。

今では、革新的なテクノロジーを手頃な価格で利用できる。**適応型イノベーターは、自身の専門性とこうしたテクノロジーを組み合わせることで、革新的なビジネスを今までにない規模で生み出すだろう。**

そういうわたし自身は、これまでの人生で何を成し遂げてきたのか。この本を書くにあたって、じっくりと考えてみた。世界はさまざまな才能とスキルで成り立っていて、そのどれもが重要だ。

わたしはジョブズとはまるで違う。彼は類まれな直感力を持ったシステム・デザイナーだった。情熱を持って取り組み、多くのものを犠牲にすることをいとわなかった。

わたしの場合、CEOというより、起業家、適応型イノベーターとしてやってきたと思う。これまで一貫して革新的なビジネスに人生を捧げてきた。多くの業界を渡り歩くことができたのは、好奇心旺盛な性格と、それまでの経験のおかげである。

アップルを離れてからは、ニュートン（人工知能を搭載した、携帯可能な世界初のコンピュータ）や、ナレッジナビゲーター（コンセプト・ビデオがユーチューブにあるので観てほしい）に取り組んだ経験を生かして、将来有望なモバイル向けのソフトウエアやサービスを追求した。

また、金融サービスにも関わるようになった。弟のアーサーが共同創業者の1人として会社を立ちあげ、急成長させていたからだ。イントラリンクスという、サービス型ソフトウエアを提供する会社で、今ではニューヨーク証券取引所に上場している。

ほかにも関わった金融サービスの会社はたくさんある。最近では、インフレクションポイントという投資会社の設立を手伝った。主に信用融資とサプライチェーンの買収をおこなう会社だ。わたし自身、サプライチェーンの分野には力を入れている。グローバル経済のなかでどのようなビジネスをおこなうにしても土台となるものだからだ。

また、ヘルスケアの分野にも興味があり、8年ほど従事している。

これらの業界は、わたしの好奇心をかきたて、いろいろなアイデアを試してみたい気持ちを満足させてくれると同時に、複数の視点を与えてくれる。現在は、一線を退いているので、関与する企業で決定を下すことはない。決断する人にアドバイスする、信頼できる2つの目でいるつもりだ。

適応型イノベーターにとって、既存のビジネスを運営するにしても、新しいビジネスを立ち上げるにしても、今は大きなチャンスがある。**正しい考え方と情熱を持って取り組めば、あなたも適応型イノベーターとして変化を起こすことができるだろう。チャンスは限りなく広がっている。**

どのような業界にしろ、舞台の中心から離れた場所で仕事に取り組むことになる適応型イノベーターは、不完全な情報をもとに、前例のないことについて決断することになる。

新しいトレンドが生まれるときには、まず非線形に屈折する瞬間があり、それがものすごいスピードで動いていく。油断しているとあっという間に見失ってしまう。だから効率よく見通しを持つことが大切だ。異なる領域の衝突が起これば、混乱が起こり、リスクが高まる。これは避けられない。

そんなときには柔軟に対応し、積極的に代替策を探すことだ。そのためにも多方面の専門性を持っていることが重要となる。

事業をおこなうにあたって、関係する専門知識をすべて身につけていなければならないということはないが、それらを入手できる体制を整えておく必要はある。時間的な制約のなかで、不完全なデータをもとに決断を迫られることになるからだ。

適応型企業——生き残りと繁栄の鍵

現在の大企業が成功できたのは、事業プロセスを拡大する方法を学んだからである。しかし、顧客にパワーが移行した今、特定の専門知識を前提にしたプロセスは機能しなくなっている。

これからは企業の規模や新旧にかかわらず、「適応型企業」であるかどうかが鍵となる。未来学者のアルビン・トフラーは1985年に適応型企業を提唱している。今日、この考え方は、革新的な企業にとって欠かせないものとなっている。

リーダーであれば、起業家であろうと企業の幹部であろうと、適応型イノベーターのスキルを学ばなければならない。かつて知識労働力を身につけることが重要だったのと同じように、この迅速に適応するスキルを早急に身につける必要がある。従来のプロセスや解答は、すでにコモディティ化しているからだ。

知識を持っている（そして正しい答えを知っている）ことよりも、正しい質問をする能力ははるかに重要だ。コンピュータは選択肢のなかから比較検討し、人間を介在させることなく、自動的に答えを導きだしてくれる。

従来のプロセスについては、できるだけ人の手を入れないようにしていく必要があるだろう。しかし、判断して決断を下すのはコンピュータの得意分野ではない。そのため、専門知識を結集し、複数の領域にわたって判断する能力が、組織にいる人間にとってますます重要なスキルとなっていく。

既存の企業にとって、根底から変わることは容易ではない。ほとんどの組織は主力製品を守るようにつくられており、中間管理者はそうした製品の成長を妨げるようなことには

「ノー」という。

こうして「成功のもとになったものの進化を阻害することは許されない」という風潮が生まれる。やがて会社は自らの成功の犠牲となる。多くの企業が成功の要因をはき違えている。10年前の成功の要因が、今日も明日も有効だと思ってはいけないのだ。状況は常に変化している。

すでに成功した企業が適応型企業に変わるのは難しいことだが、好例がある。スターバックスだ。

ハワード・シュルツは世界でもっとも成功したコーヒーショップを築きあげ、2000年に退いた。しかし、インク誌のデイヴィッド・カプランの記事によれば、2008年には会社は行きづまり、株価が暴落する事態となった。

シュルツはCEOとして復帰した。その結果、会社は〝魂〟を取り戻した。シュルツは800店舗を閉め、大勢の管理職をリストラし、昔のスターバックスが提供していた顧客の経験価値を再び提供することに集中した。

店舗のスタッフを再教育し、ほとんどがアルバイトであるにもかかわらず、インセンティブとして医療保険に加入させた。今では、オンラインで大学の講義を受けることもできる。また、同業他社にない試みとして、デジタル・メディアも活用している。

こうしてスターバックスは復活し、着実に店舗数を増やしている。現在では中国に約

1200店舗があり、「10年以内には5000店舗を突破するだろう」ということだ。
ハワード・シュルツによるスターバックスの復活劇は、スティーブ・ジョブズの偉業を思い起こさせる。1990年代に復帰したジョブズは、アップルを見事に再生させ、世界でもっとも価値ある企業にまで成長させた。

おそらく、こうした大企業の改革は、創業者が戻るというパターンのほうがやりやすいのだろうが、それでも簡単なことではない。

適応型企業になろうとするのであれば、まずは「測定基準」を見直すことから始めるべきだ。といっても、定期的に算出している財務指標や売上にかかわる指標を捨てる必要はもちろんない。

そうではなく顧客にかかわる指標を追加して、重視してほしい。指標には顧客満足度、顧客獲得単価、顧客維持率、顧客生涯価値などさまざまなものがある。もっとも重要なのが顧客満足度だ。

そこでネット・プロモーター・スコアの有用性を強く主張したい。これは、フレッド・ライクヘルド、ベイン・アンド・カンパニー、サトメトリックスによって開発された指標である。シンプルで力強いこの指標については、のちほど顧客の経験価値をとりあげるときに詳しく見ていく。

この指標を（たとえ悪い結果だったとしても）組織全体で定期的に共有することが、顧客を中心に据えた適応型企業への第一歩となるだろう。

適応型企業の好例がもう1社ある。おそらく究極の適応型企業だと思うが、アマゾンだ。ジェフ・ベゾスはあらゆるものを扱う世界のオンライン市場をつくりあげた。アマゾンは、新しい時代の顧客マーケティングのモデルと見なされている。そこでは、パワーを獲得した顧客が、ほかにはない顧客の経験価値を破格的な価格で手にすることを期待し、実際にそうしている。

ジェフ・ベゾスもまた適応型イノベーターだ。彼は常に新しいサービスを試みており、アマゾンという生態系のなかにいる、信用状態を把握済みの2億5千万人の顧客を維持するために、必要とあればいつでもモデルを調整する。

アマゾンは、アップルやグーグルが、ジェフ・ベゾスとその顧客の間に割って入ろうするのを防ぐためにファイアフォンというスマートフォンをつくった。それには「ファイアフライ」という斬新な機能がついている。

画像技術を生かしてユーザーの目の前にあるものを認識して特定したうえで、その商品の情報を教えてくれるのである。実際に購入することも可能だ。また、「メイデイ」というボタンがついており、このボタンを押せばいつでも人間の担当者につながり、質問に答えてもらえる。すべては顧客の経験価値をより高めようとするアマゾンのサービスの一環だ。

適応型企業は、顧客を幸せにすることをミッションに掲げたすぐれたシステムでなければならない。もちろん、利益は追求したい。優秀な人材を雇いたいだろうし、地域のなかで良き市民でありたい思いもあるかもしれない。ほかに掲げる大志があるかもしれない。しかし、まずは権限を明確にして、どのようなシステムにするかを説明できるようにしなければならない。

顧客の経験価値を実感している人が、もっとも適応型イノベーターに近い位置にいる。顧客の経験価値に関して判断する準備が整っているからだ。変化に反応できる動的な文化をつくり、変革を進めるためには、こうした適応型イノベーターを組織全体に戦略的に配置する必要がある。

経験から1ついっておこう。過去にうまく機能したからという理由だけで、古いプロセスを維持するのはやめたほうが良い。組織は、従来のプロセスから離れたがらないものだからだ。

もしわたしが、適応型企業を目指す会社のCEOだったらどうするか。

おそらく、優秀な適応型イノベーターからなる小さなチームをつくり、その会社のもっとも重要な主力商品やサービスを取りあげて、その商品やサービスの顧客の経験価値をデザインしなおすように指示するだろう。どのような形でデザインしようと構わない。ただし、顧客に提供するものはより安く、より速く、より良く、より便利にならなくてはならない。

こうしたプロジェクトに予算をつけて、顧客の期待を上回るものができるかどうか、小さな規模で試してみる。古い方針や経費のしがらみから解放されてみると、多くのことが学べるはずだ。

とはいえ、古いものと新しいものを入れ替えるのは容易なことではない。先に述べたように、中間管理者の拒絶に直面することが予想されるからだ。

１９９７年、ハーバード・ビジネス・スクールの高名な教授であるクレイトン・クリステンセンは、『Innovator's Dilemma』（邦訳『イノベーションのジレンマ』）を出版した。この著書によって、わたしたちはイノベーションの核心を知ることになり、これ以後は世界が違って見えるようになった。

彼が提唱するジレンマとは、「破壊的な新しいものをつくりだした結果、生じるもの」である。新たなイノベーションのためには、もっとも価値ある商品やサービス、つまり、それまでの成功の礎になったものを犠牲にしなければならないかもしれない。

マイクロソフトはそうすることができず、モバイル機器のプラットフォームをウィンドウズの派生品としてつくることを追求した。しかし、ウィンドウズはパソコンのために開発されたもので、長い起動サイクルが想定されており、数十年前のソースコードに支えられたその仕組みは、システムを走らせるだけでバッテリーを消費した。

アップルはＭａｃとは切り離して一からつくることにし、アップストアを利用するエンド・ツー・エンドのまったく新しいシステムをデザインした。

グーグルはアンドロイドを採用して追いあげ、アンドロイドのプラットフォームをオープンにすることでアップルとの差別化をはかった。対するマイクロソフトは、依然としてＯＳの使用料を要求している。

クリステンセンの研究は、今の時代にイノベーションを加速させるためにはどうすれば良いかという本書の中心ともいえる問題に迫っている。言い換えれば、「適応型企業であるためには何が必要か」ということだ。

適切な専門性を持つ企業であることが要件にあげられるのは間違いない。それは、ほとんどの場合、新しい専門性を追加することを意味する。イノベーションの機会というのは、異なる領域が衝突し、競争を取り巻く環境が変化したときに生まれるからだ。

ある時代にイノベーションを起こした人間が、別の時代にもイノベーションを起こすことはほとんどない。スティーブ・ジョブズの例もあるので不可能とはいわないが、一般的には難しいだろう。

将来は廃れても良いと思って事業に取り組む人はいない。少なくとも競争の最初の段階で負けても良いという人はいないはずだ。

既存の企業が、新しい世界に対応することは十分に可能だ。ただし、そのためには知識労働者と適応型イノベーターがまったく違うスキルを持ち、まったく違う役割を果たすことを、経営の上層にいる人たちが理解する必要がある。

適応することを学べる知識労働者もたくさんいるが、できない者もいるだろう。

適応型企業になろうとする企業は、適応型イノベーターがどういうもので、システム・デザイナーや知識労働者とはどう違うのかを理解するために真剣に取り組む必要がある。そのうえで、これまでの知識労働を中心とした体制から、顧客を中心に据えたイノベーションを起こす体制へと移行するプランを立てれば良いだろう。

1-2 なぜ「高い志」が必要なのか

「自分の持てるすべての力と魂を目標に注ぎ込んだ人だけが、その道を極めることができる。達人になるためには、その人のすべてをかけなければならない」

――アルベルト・アインシュタイン

最近、アメリカのヘルスケア業界のトップ20人といっしょに、パトリック・スン・シオンの自宅で開かれた夕食会に招かれた。この日の話題は医療政策だった。

パトリックは医師であると同時にヘルスケア業界でもっとも成功した起業家であり、

70億ドルの資産をゲノム研究で築いていた。数カ月前に、パトリックと食事をともにする機会があったので、その画期的な研究成果についてはすでに聞いていた。

パトリックは、自分が生きているうちに癌を撲滅するという高い志を持っており、UCLA、カリフォルニア工科大学、スタンフォード、MIT、テクニオン・イスラエル工科大学といった大学で進められている「分子手術法」という新しい研究に8億ドルを拠出している。

クラウド・コンピューティングは驚くべきスピードで進化すると確信しており、現在12時間かかる遺伝子解析は、そのうち1分もかからないようになるだろうという。そうなると、分子手術法は新しい時代をつくる。パトリックはそれを「精密医療（precision medicine)」の時代と呼ぶ。

医者は、患者の2万6000個の遺伝子と200万個のたんぱく質をモニターし、分子レベルで突然変異を探し出す。「精密医療」が確立すれば、変異した遺伝子やたんぱく質を個別につまみだすことができるようになる。パトリックによれば、30年後には、化学療法や放射線治療は過去の治療法となるという。

ムーンショットは「高い志」、すなわち世界をより良い場所にしたいという思いから始まる。それは売上高や利益で測れる目標ではない。もっと高い次元にある。

人々の生活をより良いものにするという使命であり、従業員やパートナー、投資家など関係者を1つにまとめる力を持つものだ。

当然のことながら、達成するのは難しい。まずはほとんど不可能と思えることを可能と思えるレベルに持っていく。それから実現可能性を徐々にあげていく。シリコンバレーで数々の実績を持つビノッド・コースラは、こういっている。

「起業家というのは、夢のようなことを夢見て、実際にその夢を実現しようとする愚かさを持っている人間だ」

ガイ・カワサキは、Ｍａｃ開発の初期の頃、製品の啓発やＰＲ活動をするエバンジェリストとして活躍した人物だ。当時を振り返ってこういう。

「高いモラルを持つことだ。すばらしい製品やサービスをつくるだけではダメだ。それが人々の生活を改善するものであることを人々に伝えなくてはならない」

マーク・アンドリーセンは、まさにこうしたストーリーを実現した人だ。彼は22歳のとき、イリノイ大学でスーパーコンピュータをプログラミングするチャンスを得た。そして、モザイクと名づけた最初のウェブ・ブラウザを開発したとき、すべてのコンピュータをつなげて、世界をより良くするという志を掲げた。

そこで、ジム・クラークと共同でネットスケープ・コミュニケーションズを設立し、誰もが知る偉業に向けて旅立った。

わたしはスティーブ・ジョブズとビル・ゲイツの話し合いの席に何度も同席して、2人の会話からたくさんのことを学んだ。2人とも高い志のもとで、ものを考えることを好んだが、その志はまったく同じだった――コンピュータを個人のものにするというのがそれだ。パーソナルコンピュータとパワフルで使いやすいソフトウエアを人々に提供する。手頃な値段で、店ですぐに買えて簡単にインストールできる。生産性を高めるためのすばらしいツールを提供する。そうすれば、1人ひとりが世界を変えることができる。

しかし、同じなのはそこまでだった。ゲイツは戦略の中心にソフトウエアを置いた。シェアを重視し、みんなに自社製品を使ってもらうにはどうしたら良いかを考えた。そこでパーソナルコンピュータを動かす市販のソフトウエアを開発したのだった。

ジョブズは別の考え方をしていた。彼は、技術的なことはわからない一般の人々が、コンピュータを個人の道具として使えるようにすることを目指した。たんに計算ができるだけではなく、ルネサンス期の印刷機のように、あらゆる新しい考えに触れるためのメディア・マシンでもなければならない。

ジョブズがつくりあげたデスクトップ・パブリッシングにより、人々は新たな学びの手段を得た。個人での出版が可能になったのだ。マッキントッシュは、グラフィックスベースで圧倒的に使いやすかった。フォントは美しく、ポイント・アンド・クリックで文書を合体させることもできる。

実際に印刷する前に印刷画面をプレビューすることも可能だ。このメディア・マシンとしてのパーソナルコンピュータは、以後のコンピュータ業界を大きく変えたムーンショットだった。

一方、ゲイツはソフトウエアを中心に考え、左脳的ともいえる、パーソナルコンピュータの計算する能力に注目した。

ジョブズの戦略は右脳的な創造性に重きを置いたものだった。さらに完璧なエンド・ツー・エンドのシステムにもこだわった。

のちにデスクトップ・パブリッシングなるものを開発していたときも、アップルに復帰してiPod、iPhone、iPad、アップストアをつくっていたときも、彼は常にシステム・デザイナーだった。

目指したのはシステムの簡素化だった。ステップを省き、余計なものを取り除いたエレガントなユーザー経験をつくりだすことで、アップル製品の差別化をはかろうとしたのである。

2人は同じテクノロジーを利用していたが、ゲイツが目指したのは、誰もが使いたくなるような、圧倒的な市場シェアを持つソフトウエアの開発だった。それがマイクロソフトの市場での価値を高めると判断すれば、躊躇なく複雑さを加えていった。

対するジョブズは、アップルを世界的な大企業にすることには関心がなかった。望んだのは最高の製品だった。だから、製品デザイン、ユーザーの反応、販売方法、そしてユーザー経験にかかわるすべてに妥協しなかった。

アップル・ストアを見ればわかってもらえるだろう。エンド・ツー・エンドにこだわるジョブズにとって、ストア経験は製品経験と同じくらい良いものでなければならなかった。購入後は、「オープン・ミー・ファースト」と印字された箱を開ければ一目瞭然、マニュアルを読む必要はない。こうしたことはどれもが重要だった。そのすべてが一貫性のある経験を形づくるものだったからだ。

抜群のデザインセンスを持ち、自分のアイデアをシンプルで覚えやすいものにする才能にも長けていた。彼がマッキントッシュの方向性をどう考えているか、それによって何をしようとしているかは、誰の目にも明らかだった。

簡素化は究極の洗練であり、加えるよりも引くことが重要。テクノロジーは美しくなければならない。そうでないなら表に出さないようにするべきだ。ジョブズはそう考えていた。

現在、ビル・ゲイツの志はさらに高いところにあり、病気や貧困の問題に取り組んでいる。マイクロソフトで築いた富をもとに、ビル・アンド・メリンダ・ゲイツ財団を創設し、特にエイズ、結核、マラリアの撲滅に力を注いでいる。かつてない規模で支援を続けている彼とメリンダには、世界中から称賛と感謝の声が寄せられている。

最近、友人で有名な医師であるメフメト・オズと話をする機会があったので、彼の志について訊ねてみた。世界中の人々の健康状態を改善する、というのがその答えだった。彼がいっているのは、たんに治療を受けてもらうために病院に送りこむことではなく、健康を促進して長生きできるように健康について啓蒙することだ。

「だから、戦いの場はキッチンであり、リビングルームであり、ベッドルームであり、車のなかなんだ。生活の場所はイコール戦いの場所なんだよ」

さらに、注目すべきことをいう。

「消費者の時代に健康であるということはどういうことなのか、そして、どのように気をつけていったら良いのか、ということを我々は考える時期に来ている」

オズの意見に同調するのが、アメリカのトップ・シェフのウルフギャング・パックだ。彼もまた食生活の向上を提唱する。より知的に人生を変える行動が、寿命や生活の質、家族の幸せに良い影響を与えるともいっている。

前向きで理にかなった考えが、まったく異なる分野から提唱されて、互いに補完し合っているというのはおもしろい。

スティーブ・パールマンはアルテミス・ネットワークスの創業者で、シリコンバレーの有名な連続起業家、シリアル・アントレプレナーであり、発明の天才でもある。彼とのつきあいは四半世紀になる。

スティーブはアップルのなかでも重要な技術の1つであるクイックタイムを発明した。また、ウェブTVを共同で創業し、その後はモーバ社でコントゥール・システムを開発した。このシステムは、映画『ベンジャミン・バトン　数奇な運命』のなかで、老化したブラッド・ピットを映像化するために使われた。

この10年、彼は、解決不能といわれた電波の帯域不足を解消しようと取り組んできた。そして、ついに政府の政策を変えることなく、技術的に解決したのだ。「ピーセル」（pCell）と名づけられたこのすばらしい技術は未来を変えるだろう。現在は商業化に向けて準備が進められている。

世界中の人々の生活を変えるほどのインパクトを持つ大きな志というのは、多くの場合、スティーブ・ジョブズやジェフ・ベゾスといった破壊的な発明者で、システム・デザインの天才たちのためのものだといって良いだろう。

しかし、天才ではないわたしたちにも可能性はある。

高い志を原動力にして、より小さな範囲で生活を向上させる適応型イノベーターを目指せば良い。高い志は、組織にエネルギーを供給し、新規ビジネスに目的と情熱を与えてくれるに違いない。

1-3

なぜ、今10億ドル規模のビジネスを目指すべきなのか

「論理はあなたをAからBへと導いてくれる。想像力はあなたをどこへでも連れて行ってくれる」

——アルベルト・アインシュタイン

今は、10億ドル規模のビジネスを立ちあげるのに最適な時代だ。これまで述べたように、世の中を変える画期的なテクノロジーが手頃な価格で、誰でも利用できるようになったからだ。そのテクノロジーとは次の４つである。

1　クラウド・コンピューティング
2　ワイヤレス・センサー
3　ビッグデータ
4　モバイル機器

ビッグデータは消費者の購買パターンを予測することで、モノやサービスを売ることに関するすべてを大きく変える可能性がある。

数字、文字、画像、動画とその形式はさまざまだが、データはこれら4つのテクノロジーの源になっており、その量はかつてないスピードで増加し続けている。それにともなって精度はますます上がり、コストは低下していくだろう。

このことが、今が革新的なビジネスを立ちあげる最適な時期だという1つ目の理由だが、ほかにも理由はある。

経済環境が示す適応型イノベーターの出番

世界的な不景気から立ちなおりかけている西側の経済に関していえば、借入コストの低さは追い風といえる。インフレ率も非常に低い。

しかも、ビジネスを立ち上げるときの初期コストは、昔に比べれば格段に安くなっている。事業所を持たずにウェブ上で事業をおこなう「バーチャル・カンパニー」で始めれば、人件費は最低限に抑えることができる。

創業者の給与が最初はゼロということはよくあることだが、創業者利益というインセンティブがある。会計やITといったサービスは、プロジェクトごとにリーズナブルな価格でアウトソーシングできるし、特殊なサービスもオンラインで、世界のどこかにいる業者から受けることができるだろう。

資金調達の方法も進化し、クラウドファンディングという新しい手法により、巨額の資産を持たない個人でもベンチャー企業に投資できるようになった。クラウドファンディングのプラットフォームを提供するキックスターターは、その先駆けとなった企業だ。

ほかにも、世界中で台頭してきたシャドーバンキングがある。大手銀行の資産減少にともない、大手銀行に代わって、銀行以外の金融機関が直接企業に融資するケースが増えている。

金融安定理事会は、シャドーバンキングの規模を2012年には71兆2千億ドルと見積もっている(この10年前には26兆1千億ドルだった)。これは、ヘッジファンドや保険会社、クラウドファンディング事業者などによる直接融資の額である。

フォーブス誌の最近の記事のなかで、ヘイドン・ショーネシーが「良好な金融環境と豊富な資本」について述べている。

「ベイン・アンド・カンパニーは、現在600兆ドルの世界の総金融資産は、2020年には900兆ドルに増加するだろうと見込んでいる。これは、この先も低金利の時代が続くことを意味している」

驚くべき数字だ。グローバル経済の立ちなおりのペースの遅さを嘆くエコノミストがいる一方で、世界中で資産が拡大し、資金調達がしやすくなっている状況を指摘する専門家もいる。

夜明け前が一番暗いというではないか。エコノミストが将来を悲観する今こそ、新しい資金調達を手にした適応型イノベーターの出番だ。

従来型ビジネスの崩壊

今がスタートアップに最適な時期だという一番の理由はおそらく、「純粋にビジネスチャンスがあるから」ということになるだろう。多くの従来型のビジネスが崩壊の危機に直面しているため、新しいビジネスチャンスの数もその規模を拡大している。

アマゾンの出現によって、昔ながらの小売店がつぶれていくのをすでに見てきている。ジェフ・ベゾスは、あらゆる商品をオンライン上で、信じられないほど安い値段で、しかも進んだ顧客サービスを提供しながら販売するという、これまでにはなかったビジネスを展開している。

書店チェーンのボーダーズはすでに経営破たんし、多くの書店はアマゾンに侵食されるのを眺めている。さらに多くの小売店が将来、アマゾンの犠牲になるだろう。新聞も、読者と広告をインターネットに奪われている。かつては業界を牽引したものの、電子出版モデルが根づくにつれて、勢いを失った出版社もある。

現在起きている崩壊の波はほんの始まりにすぎない。クラウド・コンピューティングやモバイルのような新しいテクノロジーにより、生産者から消費者へとパワーが移行するにつれて、従来のビジネスモデルはどんどん崩れていくだろう。

人々は、今現在の価格を知ることができるし、企業のウェブサイトで商品の詳しい情報も得ることができる。さらにアマゾンやフェイスブックといったサイトで、率直な意見が並ぶ商品レビューを見ることもできる。

ライバルの新商品に絶賛の声が集まれば、広告に大金をかけて築きあげたブランドが、一夜にして崩壊することもある。

アマゾンが出版業界の破壊者であることは周知の事実だが、わたしたちはこの本を出版するにあたってそれを実感した。最初に大手の出版社数社と話をしたのだが、発売までには15カ月〜24カ月もかかることがわかった。

そこで、わたしたちは別のアプローチを求めた。その結果、運よくロゼッタブックスと話をまとめることができた。ロゼッタブックスは、電子書籍に力を入れており、ハードカバーによる出版モデルを再構築する道を模索している。

さらに、やはりこれまでとは違うモデルをつくろうとしている書籍流通大手のイングラムとも提携した。この2社と仕事をすすめた結果、意思決定に時間がかかる硬直した組織に悩まされることもなく、これまでの出版業界では考えられないスピードで本書を市場に送り出すことができた。

執筆期間も含めて6カ月で書店に並べることができたのだ。出版業界が崩壊の瀬戸際にいる理由を垣間見た思いだった。

ヘルスケア業界の崩壊

これから見ていくように、ヘルスケア業界――アメリカ経済の18パーセントを占める―

―も危ない状況であり、業界を再構築する新しいモデルが控えている。原因はどこにあるのだろうか。まずいえることは、現行のシステムがうまく機能していないということだ。

アメリカでは、ほかの先進国と比べて、国民1人あたり2倍の医療費が使われている。国民全員が医療保険に入っているわけではないが、救急外来では来た患者を追い返すようなことはしない。つまり、医療保険に入っていなくても医療を受けることができる。

現行のシステムは昔から変わらず、非常に複雑で恣意的にできている。そこにはワシントンの利益団体の力が大きく働いていて、「国民に最高水準の医療を届ける」という趣旨とはかけ離れたものになっている。

シリコンバレーが、イノベーションの宝庫になっている理由を解き明かそうとする研究は数多くある。シリコンバレーは生態系としてとらえるとわかりやすいようだ。

そこには、たくさんの企業とそれらを支えるベンチャーキャピタル、弁護士、銀行、会計士、仲介業者、エンジェル投資家が1つの層に集まっている。

互いに結びついた生きた生態系であり、そこではリアルタイムで情報が交換され、人々は移動し（数日で会社を移る人もいる）、新しい会社が生まれ、古くなった会社は買収されるか廃業する。失敗は生態系が健康であることの証であり、失敗した当人にとっては学びの機会となる。失敗を引きずってクヨクヨ悩む人はいない。すぐに乗り越える。

才気あふれた人間が新しい会社をつくるために訪れ、明確な結論を躊躇なく受け入れる。

決断する人がすべてを決める世界であり、コンセンサスがないことも珍しくない。情報は透明性を保ち、説明責任は理解されている。仕事をこなす能力がなければ去るだけだ。

ワシントンもシリコンバレーも、「理想と野心を持った優秀な人間が集まっている」という点では同じである。

しかし、政府の生態系を動かしているのは特別利益を守ろうとする力であり、一方のシリコンバレーの生態系を動かしているのは、人々の問題を解決したいという起業家の思いだ。両者の行動モデルには決定的な違いがある。

では、この複雑なヘルスケア問題をどのように解決すればいいのだろうか。

政治家に答えを求め続ける限り、状況は変わらないだろう、というのがわたしの考えだ。こうした問題は、彼らの得意分野ではないからだ。問題を解決するための専門知識もなければ、そのための組織体制にもなっていない。政治家は、投票してくれた人々が望むことを実現するために仕事をしている。ヘルスケア業界のように複雑で急速な変化を続ける巨大な産業のなかで、適応型イノベーターになることは求められていない。

では、構造的な変化を後押しするものは何があるだろうか。鍵となるのは、消費者へのパワーシフトだ。たとえば、実際のコストを知った消費者は大きな原動力となるはずだ。

これまでは効率の悪いシステムにいくらかかっているかは不透明だったが、わたしたちは近い将来、診察1回につき、125ドル以上の負担を求められるようになる。救急医療を受ければ、750ドル以上かかることもあるだろう。

少額の支払いに慣れてきたわたしたちは、新しい高額な自賠責プランにより年間1000ドル以上の医療費を負担する現実を突きつけられる。医療のコストに無関心だった消費者も今後は関心を寄せるだろう。

そして、それがすべてを変える。ヘルスケア問題の解決策は、政府ではなく、民間の適応型イノベーターから出てくるだろう。

教育の崩壊

もう1つ巨大産業を取りあげたい。アメリカの高等教育の世界はどうなっているだろうか。最近の大学は、ときには巨額の寄付を得て、キャンパスを拡大する方向に動いている。たとえばハーバード大学は、マサチューセッツ州ケンブリッジの歴史的な街並みから離れ、チャールズ川の向こうに新しいキャンパスをつくろうとしている。テクノロジーとメディアに大きな変化が起きている時代であるにもかかわらず、おそらく世界でもっともブランド力のある大学が、学生が実際に通うキャンパスを増やそうというのだ。

大学の学費が高騰している時代に、建設費用や管理費として巨額を投じることは、正しい戦略といえるのだろうか。たとえ有名大学であっても、一流企業と同じように負の側面がある。どちらも内部の権力闘争や複雑な文化から逃れられない。大学では学部が減ることはほとんどなく、カリキュラムは膨らむ一方となっている。

政府が、新しい省庁を増やして問題を解決しているのと同じことだ。

当然のことだが、学費は上がる一方で、学生たちは多額の負債と将来のキャリアに対する不安を抱えこむ。卒業証書をもって十分なスキルの証明になるかといえば、残念ながら、そうはならないケースが増えている。

衰退期に入った企業に似ていないだろうか。この問題を語りたがる人は少ないが、市場のイノベーションはすでに動き始めている。

わたしは、ブラウン大学の評議員を7年、ウォートン校の理事を15年、そしてMITメディア・ラボの理事を15年務めた。一流の大学で、高い理想を持った優秀な人たちによって運営される会に参加できたことは貴重な経験となった。

しかし、その高い能力を持った人たちが、組織のしがらみに縛られて思うように動けないでいるところを目にすることも少なくなかった。

昨年の冬、わたしは吹雪のなかをニューヨークからコネチカット州のフェアフィールド大学まで2時間かけて車を走らせた。着いた先では、わたしの身長を超える雪だまりができていた。

しかし、悪天候のなか行った甲斐があり、このときの訪問は有意義なものとなった。フェアフィールド大学学長のポール・フィッツジェラルド神父は、カリフォルニア州のロスガトスで育ち、シリコンバレーの起業家を多く知っている。

アップルの元CEO、マイク・マークラやインテルのアンディ・グローブは彼の友人だ。ポール神父がつくった教養課程には科学や技術の科目が含まれている。そこには創意に富んだ見方を身につけてもらおうという意図がある。

学生たちは、一般教養にテクノロジーの知識や起業家精神を融合させて学んでいた。ポール神父の話はおおいに刺激となった。ほかの大学もフェアフィールド大学のカリキュラムを参考にしたほうが良いと思う。

話をハーバードに戻そう。といっても、教養課程ではなく、ハーバード・ビジネス・スクールだ。ハーバードのなかでももっとも実際的な思考が求められる場所である。

最近、このビジネス・スクールを代表する有名教授で、わたしが敬愛するマイケル・ポーターとクレイトン・クリステンセンの2人が、同校のオンライン教育をめぐって議論を戦わせた。

ＨＢＸと名づけられたオンライン・プログラムは、教養過程を修了した人向けに、会計や金融システム、ビジネス一般についての基本を学んでもらおうというもので、同ビジネス・スクールの補助的な意味合いを持ってつくられた。学費は１５００ドルで、コースを終了した者は試験を受けて成績も評価される。

マイケル・ポーターの考えをわたしなりにまとめると次のようになる。

ＨＢＸは、ハーバード・ビジネス・スクールのプログラムの補助的な位置づけとなる。ビジネス・スクールと同じものを提供することはできないからだ。スクールでおこなっているのは講義ではなく議論であり、それには教授と学生が直接顔を合わせる必要がある。したがってＨＢＸはビジネス・スクールを代替するものではなく、新たに追加するものだ。

一方、クレイトン・クリステンセンの反対意見をまとめるとこうなるだろう。

破壊的なものでない限り、うまく機能するとは思えない。今後15年のうちに、多くの大学が消滅するだろう。現実を直視していないからだ。多くの学生は奨学金を得られなければ大学には行けないが、すべての大学が奨学金を用意できるわけでない。そうなると、学生は多額のローンを組むことになる。しかし、返済期間の長さから、多くの学生にとって

は現実的な選択肢ではなくなってきている。仕事の質も給与水準も昔とは違うからだ。世界は変わったのである。

ここでの論点は、オンラインのプログラムが、ハーバード・ビジネス・スクールで学ぶための準備教育として、十分なカリキュラムを提供できるかどうかということだ。

クリステンセンは、ハーバード・ビジネス・スクールには、ポーターが述べるよりはるかに激しい攻めの姿勢が必要だと考えている。一流の知識人2人が新しい学生教育の行方を議論しているところは想像するだけで刺激的だ。どちらの意見が正しいかは、時が教えてくれるだろう。

しかし、コストとキャリア準備という点から見て、大学教育が十分な顧客価値を提供しているかといわれれば、かなり怪しいことは間違いない。どの業界でも主力商品が傾いた先には崩壊がある。

教育業界に出現したもう1つのイノベーションを紹介しよう。

ジャック・ウェルチ・マネジメント・インスティテュートである。ゼネラル・エレクトリックの元CEOで、伝説の経営者といわれたウェルチは、優秀な人材を発掘し、やる気にさせ、マネジメントのスキルを磨いてもらうことの重要性をよく理解していた。

そこで、どのような学習経験を提供するかを慎重に検討し、「学生を顧客のように扱うことにした」という。

それは従来の枠組みからは到底出てこないものだった。学生が教授を評価するのである。そして、学生から低い評価を得た教授は解雇される。大胆な、というより、これまでの常識を完全に吹き飛ばす試みではないだろうか。


さらに一歩進んで考えてみよう。

政府に対して、国民を顧客のように扱ってほしいといったらどうだろうか。運転免許証の更新に並ぶときや、国税局に電話で問い合わせをするとき、顧客として扱われていると感じたことはあるだろうか。政府のサービスに納得いかなかったらどうすれば良いのか。わたしたち顧客は、彼らのパフォーマンスを評価して解雇を要求すべきなのだろうか。

ある意味、２０１０年12月に始まったアラブの春は、これを行動で示したものだ。政治的に安定したほかの国では、もう少し穏やかな形で進めることができるはずだ。とはいえ、ソーシャル・メディアの浸透した現代においては、力を得た顧客が起こす変化の波を押しとどめるのは難しくなってきていることも覚えておいたほうが良い。

顧客が力を持つというのなら、患者や生徒、国民も顧客として力を発揮するようになるだろう。顧客の経験価値に対して、自分たちの力を行使しようとする人が増えるはずだ。気に入らなければ、モノやサービスを提供する側にノーをつきつける。

それは医者に対しても、教師に対しても、あるいは役人に対しても同じだろう。問題となるのはサービスの質だ。サービスを不要だといっているのではない。もっと安く、もっと早く、もっと良いものをほしいといっているのだ。

顧客を相手にするビジネスで将来にわたって安泰が見込める産業はない。しかし、それは同時に、適応型イノベーターにとっては、価値ある新しいビジネスを創出する絶好のチャンスでもある。

そうした新しいビジネスは、既存の産業の酸素を吸い取ってしまうだろう。既存の企業は、生産者側から顧客側へのパワーシフトが何を意味するか、よく考えなければならない。そのうえで、顧客にとって意味のあるイノベーションを生み出す文化を持つ適応型企業を目指すべきだ。

ニュースを見ればたくさんの問題を目にする毎日だが、それでもわたしは、今が10億ドル規模のビジネスを立ちあげるのに最高の時代だと思う。適応型イノベーターと適応型企業には果てしないチャンスが広がっている。

次のパートでは、アメリカ内外のミドルクラスの変化を取りあげたい。この層こそが、将来の需要を牽引することになるだろうからだ。

PART 2

ミドルクラスの変容

HUGE CHANGES TO
THE MIDDLE CLASS

2-1

アメリカでは何が起きているのか

「伝統は、伝統として認識されると、すぐに死んでしまう」
――アラン・ブルーム
哲学者

アメリカはいつの時代もミドルクラスに支えられてきた。そう思っている人は少なくないだろう。だが、実際は違う。

アメリカのミドルクラスは、第2次世界大戦後に生まれたもので、60年ほどの歴史しかない。わたしはミドルクラスの発展を目の当たりにしながら生きてきたといえる。

１９４５年に戦争が終わったとき、わたしは子どもだった。戦争中の工場は戦車やジープ、輸送用のトラックをつくり、個人用の自動車は生産されず、ガソリンも配給制だった。しかし、それから間もなくして状況は変わった。わたしたち家族は当時ニューヨークに住んでいたが、弟のアーサーとデイヴィッドが生まれてから数年が経った１９４８年、50マイルほど離れたロング・アイランドのセント・ジェイムズという小さな町に移り住んだ。

父に車で初めてスミスタウンに連れて行ってもらったときのことは、今でも覚えている。わずか４マイルしか離れていないところだったが、両親もそこを訪れたのは、そのときが初めてだったようだ。わたしにとっては、とても大きな出来事だった。

ユダヤ人一家が経営するシェクターズという衣料品店をのぞいたりもした。その頃、新しい洋服を買うことはあまりなく、着ているもののほとんどはおさがりだった。そういう意味でも買い物ツアーは特別なことだった。

接客してくれた店の主人の娘さんは耳が不自由で、わたしたちの唇を読んで、家族に手話で伝えていた。商品は天井近くまで積み上げられており、高い棚にあった商品は、彼女がマジックハンドを使って降ろしてくれた。

運が良ければ、買い物ツアーのついでに映画館に連れて行ってもらうこともあった。映画は２本立てで、入場料は25セント、ポップコーンは５セントだった。

どの家庭にもまだテレビはなかったが、近くのストーニー・ブルックにあるザ・スリー・ビレッジ・インというレストランにはあった。週末には、父とよくそこへ行った。父は友人たちとテーブルを囲んで、皆でラインゴールドをちびちび飲みながら、横目でフットボールの試合を眺めていた。フィルコ社のテレビは、スクリーンがわずか7インチという小さなものだった。

試合に興味のなかったわたしは、近くにあった中古品店をぶらつき、なにかおもしろいものはないかと物色していた。興味を引いたのはさまざまな機器の類だった。

１９４９年、父は一般家庭向けにつくられるようになったテレビを早々に購入し、わたしたち家族はリビングルームで、ＧＥ社製の10インチの白黒テレビを観るようになった。このときはまだ、昼間はテストパターン（試験電波放送）しか映らなかったが、それでも近所の人たちは驚いていた。

6月ごろには、アマチュア無線でいう「スポラディックE層」が発生し、テレビの電波が電離層で反射するという現象がよく起きる。その時期には、数百マイル離れたところにあるテレビ局の電波をとらえて楽しんだりもした。

単純でわかりやすい世界だった。

舗装されていない道路は雨のあとにはぬかるんだ。移動手段は自転車。子どもたちを集めて面倒をみてくれる施設はなく、子どもたちだけで遊んだ。わたしの友達は今でいうオタクが多かった。

農業が主な産業だったから、数百エーカーにトウモロコシとジャガイモを栽培する農家が地元の有力者だった。通っていた学校は平屋建てで教室は1つ。宅地開発の波はまだ到来していなかったし、ショッピング・モールもなかった。

ミドルクラスという概念もなかったし、そもそも所有しているものの価値や数で自分の価値を測るという考え方はなかった。

ミドルクラスは、第2次世界大戦後に起きた社会の変化を経て生まれたものだ。戦争が終わると兵士たちは国に戻って結婚した。そして、1940年代～50年代初頭にかけて子どもが生まれた。

復員兵援護法により、無料で大学へ通えるようになり、会社では、雇い主が医療保険料を負担するのが標準的な福利厚生となった。高い教育を受け、ほとんどの人が同じ会社でキャリアを重ねるようになり、中程度のスキルで十分な給与をもらい、快適な生活を送るようになった。

それからまもなくして、アメリカ特有の郊外に住むというライフスタイルが加わり、のちにはかなく消えることになるミドルクラスのための舞台が整う。

ベビーブーマーの誕生により、家族が増えた人々は大きな住宅と学校を求めたのだった。1956年には、ソ連からの攻撃も視野に入れていたアイゼンハワー政権が州間高速道路網をつくるべく、連邦補助高速道路法を成立させた。

こうしてできた交通ネットワークが郊外での暮らしを促し、アメリカを新しい成長の時代へと導いたのである。同時に、ほかのインフラも急速に進化した。電話システムやテレビネットワークが発達し、きめ細かい消費者向けのマーケティングができるようになった。

アメリカのインフラは、郊外化だけではなく、世界最大の均質な市場を支える役割も果たした。アメリカは東と西を海に守られ、北はカナダ、南はメキシコと、友好的な国と接している。郊外化にとって最適な場所であり、また時期的にも最適なタイミングだったといえるだろう。

テレビでは、『パパは何でも知っている』や『陽気なネルソン』といったドラマのなかで、アメリカの典型的な家庭が描かれた。その平和で安定した世界は昔からあり、今後も変わらないと思われていたが、アメリカの歴史のなかでは幕間にすぎず、脆いものだった。

1960年代にはいると、ファストフード店ができ、家庭用の冷凍庫が広まり、やがて電子レンジ食品が家庭生活を大きく変えることになる。ウッドストックと避妊薬は、ほかのさまざまな変化とともに伝統的な核家族のありかたを変えた。

時代は大きくうねる。ケネディ大統領とキング牧師の暗殺は、アメリカ国民に大きな衝撃を与え、ベトナム戦争反対の声は高まっていった。

1970年代には、女性の職場進出が進み、共稼ぎ世帯が急増した。これがミドルクラスの購買力を高めることになった。

こうしてアメリカには、十分な可処分所得をもとに、GDPの70パーセントを個人消費が占めるという、消費を中心とする経済ができあがった。このような経済構造は世界のどこにも見当たらなかった。

天然資源を思う存分に使い、経済の70パーセントを個人消費で占める経済は、歴史を振り返ってみても見当たらない。アメリカ経済の影響力は急速に高まっていった。

国内では、新しいミドルクラスは十分な給与をもらい、ホワイトカラーの人たちは一生同じ会社に勤めるものと思われた。住宅ローンを組んで家を所有し、安い頭金で車を購入し、クレジットカードを持って頻繁に買い物をする。

世界の人口のわずか5パーセントにしかすぎないわたしたちが、世界経済の25パーセントを占めていたのだ。そして、1人当たりで見た場合、石油、石炭、ガス、水といった資源を世界のどの国よりも速いペースで消費するようになっていた。

１９８０年代に入り、パーソナルコンピュータというムーンショットがビジネスの生産性に大きな影響を与えた。企業は新しい方法で業績などの各種の基準を予測したり、追跡したりできるようになったのだ。

アメリカの企業は業績を伸ばす一方で、海外市場へも進出し始めた。株式市場は急騰した。ミドルクラスも順調に増えていった。

１９９０年代の半ばには、ワールド・ワイド・ウェブというムーンショットが生まれた。Eメールの出現に代表されるように、コミュニケーションに変化が生まれ、生産性はさらに高まっていった。

戦後に生まれたアメリカのミドルクラスは、それまでになかったレベルの豊かさを享受するようになった。金持ちや有名人だけのものだった高価な車や大きな住宅にも手を伸ばし始めた。

家族は小さくなったのに、住宅は大きくなった。キッチンは最新式のものになり、プールもついた。運転できる年齢の人は車を持った。カラーテレビは部屋ごとに置かれた。

こうして、所有するものの数や価値で成功が測られるようになったが、その一方で、負債も次第に増加したのである。

ミドルクラスを襲った経済危機

2008年の金融危機の破壊力はすさまじかった。戦後のアメリカで膨らんだバブルが一気にはじけたのだ。景気は大きく後退し、アメリカ人はクレジットカードの負債と、評価額を上回るローン残高にあえぐようになった。

景気後退の波が去ったあと、人々は、ほどほどのスキルで高い賃金をもらい、安定した生活を送ることができる時代は終わったことを知った。自動化、グローバル化、コンピュータ化により、それまでの仕事のやり方は通用しなくなった。これみよがしな消費は夢と消え、経済ピラミッドの頂点に立つ数パーセントの人々だけが許されるぜいたくとなった。

2014年4月、USAトゥデイ紙に掲載されたAP通信の記事には、次のように書かれている。

「世界的な景気後退から5年あまりが経ち、多くの人が、自分はもはやミドルクラスに属していないという厳しい現実を突きつけられている。かつては専門職だった人が、今は食料品店の棚に商品を並べ、年金生活者は物価高に苦しんでいる。フルタイムの仕事を求めながらパートタイムで働いている人も数多くいる」

記事はさらに衝撃的な数字を並べる。

ピュー・リサーチ・センターがおこなった調査によれば、自分がミドルクラスだと思うアメリカ人の割合は、２００８年以降、53パーセントから44パーセントに減少している。今では40パーセントの人が自分をロウワー・ミドルクラスか、ロウワークラスだと認識している。この数字は、２００８年2月には25パーセントだった。**ギャロップ調査では、自分がミドルクラス、あるいはアッパー・ミドルクラスに属していると思う人の割合は、２００８年から２０１２年の間に８ポイント下がり、55パーセントになっている……**。国勢調査局によれば、上位5パーセントの富裕層と中間層の所得格差は、30年で24パーセント上昇している。【太字は著者が追加】

悲観するのはわたしの柄ではない。ビジネスの世界で起きている変化はすさまじく、避けられるものではないが、本書で述べるムーンショットのシナリオは、劇的なものであると同時に実際的なものでもある。

成果を上げられるかどうかは、どれだけ創意を発揮できるかにかかっている。わたしたちがやらなければ、世界のどこかで誰かがやるだろう。

世界のビジネス構造が変わったために、わたしたちのライフスタイルや社会のありかたが大きく変わったことは、目をそらすことのできない現実だ。

具体的にいえば、かつてのミドルクラスが慣れてしまった消費水準を維持する収入を得られる仕事の数よりも、ミドルクラスのライフスタイルを望むアメリカ人の数が上回っているということだ。

つまり、これまでの消費水準を維持するためには、多くの人に昔よりももっと安い価格で提供しなければならない。これが今まさに、膨大な数の商品を破壊的な価格で提供しているアマゾンのような企業がおこなっていることだ。

今後は、派手な消費活動をするミドルクラスはいなくなり、もう少し控えめな生活を楽しむ適応型のミドルクラスが台頭するだろう。進化したテクノロジーやそれらをもとに生まれた新しいビジネスが、そうした生活を可能にするはずだ。*2

*2　この点はどれだけ強調してもしきれないので、もう一度指摘しておく。進化したテクノロジーは顧客を中心に据えたムーンショットをおこすが、その結果生まれた新しいビジネスは必ずしもテクノロジーに関係したものになるとは限らない。技術を専門としない起業家が日常的な商品やサービスを提供するものになるかもしれない。ただし、いずれにしても顧客には新たな選択肢を、破壊的な価格で提供することになる。
"The Customer is Now in Control - Get Over It!" Forbes, May 2, 2011: http://www.forbes.com/sites/jimblasingame/2011/05/02/customer-in-control/.
"Customer in control: The future of shopping is already here and retailers are battling to keep up." Financial Review, Nov. 7, 2013: http://www.afr.com/p/tech-gadgets/customer_battling_control_keep_future_LpY5jpjs859eMDlpF5vZ3K/.

大変革の中心にあるもの――仕事を再定義する

経済の効率性とテクノロジーの進化を推進した知識労働者に代表されるミドルクラスは、今、皮肉な事態に追いこまれている。パーソナルコンピュータやインターネットを早々に受け入れ、過去20年にわたって仕事をしてきたホワイトカラーの中間管理者層には何が起きているのだろうか。

「新しい経済のなかで落ちこぼれようとしている」といって良いのかもしれない。かつて、高卒で中程度のスキルを持って働いていた人々と同じ運命をたどるかもしれないのだ。なぜか？

進化したオートメーションや専門的なシステムが、彼らがやっていたことの多くをこなせるようになっているからだ。しかもより安く、より速く、より良く、より効率的におこなうことができる。

人生は不公平なものだ。だが、少なくともアメリカでは、その気になれば選択肢がある。ホワイトカラー（トレーニング・プログラムを通じてスキルを身につけ、昇進することでそのスキルに磨きをかけ、企業とともに成長する）は消えようとしている。多くの若者は大学で仕事とは直接関係のないことを学んで労働市場に参入しようとしている。だが、今の時代に求められているのは即戦力の労働者だ。

近年は、大量生産品をいかに個人のニーズに合わせて変えていくかが重要になっている。製造工程が進化したおかげで、製品を構成する各部分については、より正確に製造できるようになった。したがって、人間に求められるのは、モノやサービスを仕立てる際の判断により高い付加価値をつけることだ。

今後、アメリカで新たな仕事を創造するためには、適応型イノベーターがビジネスを立ち上げるしかない。ほかに道はない。

なぜなら、公共部門でも民間部門でも、年金や医療コストの負担が増えていることに対応するために、徐々に仕事が削減されてきているからだ。2014年6月のエコノミスト誌がまさにこの点を指摘している。

「オックスフォード大学の研究によれば、現在ある職業の47パーセントが今後数十年のうちに自動化される可能性があるということだ。イノベーションによりなくなる仕事や、変化を迫られる仕事が出てくるだろう。わたしたちは一生、人的資本の増強に努めなければならない」

1980年代には、知識労働者1人ひとりが生産性向上ツールを手にするようになった。
1990年代には、企業がインターネット、アウトソーシング、グローバル化を手にした。

21世紀初頭に出現したクラウドやビッグデータ、モバイル機器は、多くの従業員を必要としない生産性の向上をもたらした。

今後は、テクノロジーのコストが低下し、専門家の価値がより高くなるなかで仕事をすることになるだろう。直接顧客に焦点を当てたチームをつくって、プロジェクト単位で仕事をする機会も増えるはずだ。そして、そういうチームに参加する女性の数が増えていくだろう。すでに大学生の約60パーセントは女性となっている。

今後のビジネスモデルは、プロジェクトを中心に組織されるものになり、バーチャルな生態系に属する独立請負人に依頼する形になるだろう。のちほど触れるが「フリーエージェント」経済というべきものだ。

では、お払い箱となる中間管理者たちはどこへ向かうのか。多くの者は独立コンサルタントとなり、プロジェクト・マネジャーとして従事したり、ウェブ上でプロジェクトにサービスを提供することになるだろう。自宅で仕事をする人も増えるだろうし、スタートアップに参加する人も出てくるはずだ。

こうしたなかで、全世界で3億人を超える人が登録しているリンクトインのようなサービスは、フリーエージェント経済を支える柱になるだろう。

過去と比べれば、平和で安定した国際環境もまたグローバル経済の発展に寄与したといえる。アメリカでは高給取りの中間管理者はいなくなり、引退まで平穏無事に勤めあげるという選択肢もなくなった。

こうしたことが、医療の発達により寿命が著しく延びるなかで起きている。アメリカ人の88パーセントが高校の教育を受けているかもしれないが、もはや彼らは、両親と同じようなミドルクラスのライフスタイルを望むことはできないのだ。

新しい適応型ミドルクラス

アメリカには非常に実利的な文化があるので、多くの人が意外とスムーズに適応型ミドルクラスに移行するのではないかと思う。

その先頭を走ることになると思われるのがミレニアル世代だ。この世代は、ソーシャル・メディアによる情報に囲まれて育っているので、疑わしいことは何でもチェックする習慣がついている。

商品やサービスは、必ずウェブでほかの人の評価を調べる。評価が高いものにしか関心を示さない人も多い。購入の判断を従来の広告に左右されることはほとんどない。イェルプやロッテン・トマトといったレビューサイトや、アマゾンのレビューなどをもとに判断する。

ミレニアル世代は両親の世代とは違った目標を持っている。彼らは両親を超える生活はできそうもないことをすでに理解している。第2次世界大戦以降で見れば、親よりも良い生活を望むことができない初めての世代だ。

たとえば、彼らは上の世代よりも貯蓄率が高い。生活についても考え方が異なり、都市に移動する人が増えている。大きな家を買う代わりに、アパートメントやこぢんまりとした戸建を賃貸する。車を所有せず、リフトやウーバーといったサービスを利用する。長期休暇はエアビーアンドビーで手配する。

このような新しい適応型ミドルクラスは、手頃な商品やサービスを必要としているが、現状は彼らの要求にこたえているとはいいがたい。

適応型イノベーターにとっては、新しいビジネスを興す大きなチャンスとなる。既存の企業にとっても、新しいミドルクラスに向けて、改めて商品やサービスを生み出す良い機会となるだろう。

2-2 新興市場で急増するミドルクラス

「スタートアップのコストが下がり、オンラインサービスの市場が拡大した結果が、初めて完全にデジタルでつながったグローバル経済である。1990年代初頭に、サイバー世界に関して先見の明のある人なら誰もが夢見た世界が、ほぼ1世代を経てついに実現したのである」

――マーク・アンドリーセン
ネットスケープ・コミュニケーションズの共同創業者
アンドリーセン・ホロウィッツの共同創業者、ジェネラル・パートナー

2020年には、世界のGDP成長の約65パーセントを新興市場が担うことになるという。2013年、世界の経済成長のうち新興市場国が占める割合は、先進国を抜き、前年の48パーセントから52パーセントになっている。インドや中国といった新興国間の直接取

引も急激に伸びている。西側にいるわたしたちは完全に蚊帳の外だ。

世界の新興国における新しいミドルクラスは巨大な市場となるだろう。2020年には、20億人以上になるといわれている。年収は4000ドル〜3万ドルくらいになるだろう。

その目標とするところは、アメリカンドリームよりもずっと質素だ。住宅は、郊外に建つ3000平方フィート（約280平方メートル）の一軒家ではなく、800平方フィート（約75平方メートル）の高層アパートメントである。

4万ドルの自動車ではなく、オートバイか1万ドル以下の自動車。スマートフォンは、700ドル〜800ドルする国際的ブランドのものではなく、200ドル以下のものだ（アメリカと違って、携帯電話会社は端末に助成金を出さない）。

ムンバイ、上海、広州、クアラルンプールの高層マンションに住む新しいミドルクラスの人々は、労働者層から一段上がった人たちで、つつましいオートバイに乗り、安いスマートフォンでデータをやり取りしている。

アジアのいたるところにある多国籍企業は、かってはアメリカやイギリスから派遣された駐在員が経営にあたっていたが、今は違う。現地のマネジャーは、多言語を操る高学歴のアジア人が多くなっている。彼らはアメリカや西側のビジネスを理解し、急速に拡大するアジア市場でそれを実践している。

アジアでは高い教育を受けた人が増えており、彼らが新しいミドルクラスの核となっている。彼らは高いスキルを持ち、それを生かしてより高い給与を手にしている。「高いスキルを要求する仕事が、場所を問わず、すでにそのスキルを持っている人によってなされるようになる」と考えるのは自然なことだろう。

これは特にアメリカにとって厳しい状況だ。アメリカのミドルクラスの半数は、世界で通用するスキルを持っていないからだ。わたしたちの教育は、読み書きと算数ができるようになることに重点を置いている。

アメリカには世界でも有数の教育システムがあるが、ミレニアル世代にとっては、たとえ大卒であっても仕事を得ることはますます難しくなっている。

事実、大卒にふさわしいとはいえない給与をもらっている人も少なくない。昔だったら高校を卒業してするような仕事に就くケースも多数ある。

問われているのは、その仕事をこなすスキルがあるかどうかであり、どこで仕事が遂行されるかは問題にならなくなっている。だから、必要なスキルを持っていれば、新興国にいる人でも仕事ができるということになる。

アメリカ国内で依頼するよりもはるかに安いし、やりとりも一瞬で、ほぼ費用もかからずにできる。

ここで注目すべき国としてあげたいのが韓国だ。人口5000万人のこの国は、驚異的な技術イノベーションを起こしている。学力は極めて高く、それも数学や科学技術に限らず、認知技能全般にわたっている。

２０１４年版のピアソン報告によれば、シンガポールを上回ったそうだ。教育熱の高さを反映して、公立の学校だけではなく、ハグォンという私立の各種学校も多数あり、年中無休で教育サービスを提供している。

全国には約10万のハグォンがあり、韓国の子どもの75パーセントが通っているという。国民の65パーセントが大学の学位を持っている。これはＯＥＣＤ加盟国のなかでも最高水準だ。そして、学歴と就職の結びつきの強さはアメリカ以上となっている。

アジアのサクセスストーリーは、今では東ヨーロッパ、中東、アフリカ、ラテン・アメリカへと広がりを見せており、各国が次々と経済力をつけて台頭している。アメリカも研究して、見習うべきだろう。

トルコを訪ねたことがあるが、そこではごく少数の実業家一族が、あらゆる産業を支配していた。ミドルクラスが支配する国ではない。しかし、アナトリアン・タイガ（アナトリア地方出身で、伝統と宗教を重んじ、独立心のあるビジネスマン）として知られるトルコの新しい起業家たちは、すでに中東、中央アジア、アフリカと、新しい市場に進出している。

トルコ政府は、二国間貿易の拡大を積極的に推し進めており、事業促進のために、あちこちの新興市場国に人を送っている。トルコのメロドラマは新興市場国のどこでも人気だ。

こうした変化はトルコ人のイメージづくりに一役買っている。アメリカ軍が撤退すれば、すぐにトルコの新興企業が進出するだろう。


弟のアーサーは、タフツ大学のフレッチャー・スクールでシニア・フェローを務めており、わたしが述べたトルコの状況を裏づけてくれる。

リビア政権崩壊後、最初に同国に入ったビジネスマングループは？　トルコ人。

イラク北部には最初に行ったのは？　トルコ人。

アフガニスタンは？　中国人とトルコ人。

最初にアフリカに進出して貿易を拡大しようとした国は？　中国、トルコ、インド、ブラジル。

新興国間の競争は、多くの要因に左右される。なかでも重要なのは、明確な目標設定と取引の機会を積極的に追求する姿勢だ。

アメリカでミドルクラスが崩壊している間に、世界の新興国では野望とビジョンを持った新しいミドルクラスが勃興している。

彼らの理想とする生活は、アメリカのものとは違う。ハリウッド映画やテレビドラマで描かれるライフスタイルではなく、わたしたちの基準でいえば破壊的ともいえる価格で提供される、より質素な商品とサービスをもとにした、自身のモデルが彼らにはある。

　新興市場国の新しいミドルクラスは、今までにはなかった商品とサービスの需要の源泉であり、まさに適応型イノベーターが狙うべきターゲットなのである。

アリババに代表される中国の活況

　説話『アラビアン・ナイト』のなかで、貧しい木こりのアリババは、40人の盗賊たちが宝を隠した洞窟の扉を「開けゴマ！」という呪文で開けた。宝物はアリババのものとなった——。
　中国のある起業家がこの名前を社名に選んだのは、世界中の人がこの説話を知っていると思ったからだ。２０１４年、ビジネス・インサイダーの記事のなかで、彼はこうもいっている。
「我々は『アリママ』という名前も登録した。我々と結婚したいと思う人が出てこないようにね」（アリババのババは「お父さん」の意）
　アリババは大規模なＩＰＯを計画しており、その評価額は１０００億ドルを超え、

2000億ドルに近いものになるかもしれないといわれている。フェイスブックを超える記録的なIPOになるだろう。

アリババを創業したジャック・マーは1964年に生まれ、月給15ドルの英語教師としてキャリアをスタートさせた。英語の細かいニュアンスまで学ぼうと、学生のときには外国人が多く宿泊する杭州のホテルによく出入りしたという。

アリババは創業から15年で、アマゾンの2倍の規模となり、2億3100万人に利用されるようになった。現在の取引量は、アマゾンとイーベイを合わせた量より多く、その80パーセント以上が中国国内でのオンライン・ショッピングによるものとなっている。

中国で運ばれる荷物の60パーセント以上がアリババのサイトからの購入品であり、また、商品の売買だけではなく、インターネットのコンテンツや支払システムについても力を入れている。

アリババは、中国で起きている変化を映し出す鏡ともいえる。習近平国家主席は、世界の工場としての輸出経済と、着実に伸びている国内の消費経済のバランスを取ることを目指すといっている。

この状況はどのようにして生まれたのか。現在、中国では農村部から都市部へと過去にないペースで人口が移動している。ブルームバーグ・ビジネス・ウィーク誌によれば、

「1978年には、1000万人を超える都市はなく、500万人～1000万人の都市が2つあるだけだった。ところが2010年には、6都市で1000万人を超え、10都市が500万～1000万の人口を抱えている。その翌年には、中国人の過半数が、都市部に住んでいるという、この国始まって以来の状況となっている」

また、都市部への人口流入に伴い、農場が売却されるようになった。こうした動きに合わせて新たな銀行システムも発達した。

昔の中国人は貯蓄に励んだ。健康保険も年金制度も整っていなかったからだ。しかし、次第にこうした制度が整いつつあり、人々は財布のひもを緩めている。

景気刺激策は、国内の個人消費と輸出経済のバランスを取ることに重点が置かれている。最近緩和されたが、ひとりっ子政策は、労働の売り手市場を生み出した。つまり、中国はもはや低賃金で人を雇える世界の工場ではなくなったのだ。

習主席は国民に向かって、「中国は今後、これまでとは異なる経済モデルを目指さなければならない」と述べた。新しいモデルでは、人々はより高いスキルを持って、より稼ぐことになる。

中国は民主主義国家ではないかもしれないが、中国人は、わたしたちと同じように資本主義者だ。法制度はまだ成熟していないところもあるが、次第に整ってきている。銀行システムも整備されていくだろう。汚職追放も進められており、時間はかかるかもしれないが、融資も次第に民間部門に向かっていくだろう。

甚大な影響力を発揮する新生インド

新しく首相に就任したナレンドラ・モディは、インド人民党の党首であり、かつてはヒンドゥー・ナショナリズムを掲げて、グジャラート州を治めていた人物である。2014年5月、モディとインド人民党は、長年政権を担当してきたインド国民会議から第1党の座を奪った。

海外のビジネス界は、モディが海外に向けて門戸を開き、汚職腐敗対策に乗り出すことを期待している。なかでも金融業界は外国投資の制限の緩和を求めている。

インドの国内経済の動向は、西側に大きな影響を及ぼすようになった。わたしたちは中国とインドの巨大経済におけるわずか数パーセントの動きから、どれほど大きな影響を受けるかを学びつつある。

12億人の人口を抱えるインドは「GDPが数パーセント・ポイント上昇する」、あるいは「汚職が多少改善される」といったことでも甚大な影響力を発揮する。

現在わたしは、インドで台頭するミドルクラスの若者をターゲットにしたモバイル・ビジネスに参加している。

インフレクションポイントのパートナー、ニラジ・チョーハンが、新しいスマートフォン会社、オビ・コネクト・スマーターのために、すばらしいチームをつくってくれた。オビ・インドのCEOには、この業界で豊富な経験を持つアジャイ・シャルマをリクルートした。

主力商品は、オビ・オクトパス8という8コアを搭載したハイエンドなスマートフォンで、10代から20代の若者をターゲットにしたサービスとともに提供している。内容的にはクリケットやボリウッドなど若者向けの情報をそろえ、差別化をはかっている。

また、州ごとに異なる複数の言語に対応していくつもりだ。オビの若いユーザーは、生まれたときからモバイルの世界に生きている。彼らはほとんど通話せず、テキストを利用する。同じ部屋にいても送りあっているほどだ。

価格帯は、80ドル～220ドル。会社は、外部との提携を利用して、かなりスリムな組織にしている。国際的に展開している公開企業よりも大幅に安い値段で提供できるのは、この組織と未上場企業の身軽さゆえだ。

オビを設立するとき、わたしたちは自分自身にこう問いかけた。

「インドで販売されるスマートフォンの80パーセントが220ドル以下という環境で、サムソンやiPhoneに引けを取らない品質とサービスを提供して、かつ収益をあげることは可能か」

出した答えはイエスだった。大手ブランドの先進技術から数カ月の遅れでついていくことができれば、十分に可能であると――。

技術はすぐにコモディティ化するので、差別化は端末のデザインと多様なサービスにかかっている。わたしたちは、サプライチェーン、流通、販売チャネル、低コスト経営、マーケティングに関する専門知識を生かして、オビを国際的なブランドに育てたいと考えている。

最新の機器を手にしたい人は、研究開発費やマーケティング費用を負担することになるため、高い価格を支払う。しかし、少し時間が経った技術も、市場では同じように魅力あるものとして受けとめられる。

たとえば、iPhone4Sが初めて発売されたときには、誰もが最高の商品だと思った。今ではその位置づけは5Sに取って代わられている。だが、オビでは今、iPhone4Sより良い商品をおよそ100ドルで販売できる。しかも、付帯するサービスは最新のものを提供できるので、購入した人が昨日の新聞を買ったような気になることはない。

さらにインド特有の市場事情もある。インドでは、アメリカのように携帯電話会社がモバイル端末に2年の契約をつけて助成金を支払う商慣習はない。だから10代後半から20代後半の若者たちの巨大なマーケットには、低価格な商品への潜在的な需要があるはずだ。

インドのスマートフォン市場の伸びは、2013年には180パーセントとなっている。同年の販売台数は、フィーチャーフォンとスマートフォンを合わせて、約2億5700万台だった。市場全体では年に約30パーセントずつ成長している。

オビ・コネクト・スマーターのビジネスモデルは、新興市場の中心にいるつつましいミドルクラスをターゲットとした典型的なものとなっている。

・市場は急成長が見込める。特に16歳〜28歳の若者層にチャンスがある
・破壊的な価格が鍵となる。若者にはアップルやサムソンのスマートフォンを買う余裕はない
・しかし、商品のクオリティに妥協はできない。そして妥協する理由もない。ハードウエアはすぐにコモディティ化するからだ

ハイエンドな商品を求める人を満足させる商品ではないかもしれない。だが、通りの露店で買うよりも高く、グローバル・ブランドよりも安い価格という点を考慮すれば、十分に魅力ある価値と質を提供できる。

では、なぜノキアのような企業は、この市場に参入してわたしたちと戦おうとしないのだろうか。もちろん戦うことはできる。だが、彼らには足かせがある。

マイクロソフトはノキアの携帯電話事業を買収したとき、3万2000人の従業員を受け入れた。これは、わたしたちが数百人の従業員で同じクオリティの商品を提供できることを考えれば、非常に不利だ。

2014年7月中旬、大方の予想どおりマイクロソフトは、1万8000人をリストラすると発表した。そのほとんどがノキアから来た従業員だった。

今は企業を設立するにあたって、ライバルとする企業とまったく同じインフラを整備する必要はない。

アマゾンが良い例だ。彼らはその日中に配送するために、巨大なサプライセンターはつくったが、オンライン上で顧客の経験価値ビジネスを展開するために、中間管理機能を備える必要はなかった。

かつては重視された既存企業の中間管理機能は、破壊者が利用する低コストのテクノロジーとは相入れない。

破壊的な価格はどの業界においても（先進国でも新興国でも）大きなチャンスとなる。この要素なしには新しいミドルクラスは語れない。

それを実践している中国のシャオミは、わたしたちの強力なライバルだ。クオリティの高いモバイル商品をつくるし、インターネットを使ったマーケティングにも定評がある。

中国では派手なキャンペーンを展開して、わずか90秒でインターネット経由で10万台のスマートフォンを販売した実績もある。シャオミは、新興市場でグローバル・ブランドとしての地位を確立しようとしており、その試みはおそらく成功するだろう。

しかし、シャオミが成功するとしても、新興市場は広い。だから、わたしたちも成功できると考えている。

すぐれたオンライン・マーケティング力を持っているシャオミに対して、わたしたちの強みは、すでにインドでＩＴディストリビューター事業を展開しているため、小さな町の個人商店にまで商品を届けることができる点にある。

台頭するミドルクラスの未来

トーマス・フリードマンはグローバル化について著した『The World Is Flat』（邦訳『フラット化する世界』）を、今から約10年前の２００５年に発表した。

著書のなかで、彼は、生産者主体の経済に起きた変化を中心に世界を論じている。驚くことではないが、ウォルマートについてはそのサプライチェーンの力を称賛している。だが、ウォルマートは西側の生産者を中心とした世界の最終章だったようだ。

テクノロジーと個人所得に起きた変化や、最小の費用で最大のリターンを得ようとする人々の姿勢を追い風にしたアマゾンやアリババは、着々と顧客中心の世界への移行を進めている。

今目を向けなければならないのは、アジアから西側への輸出ではなく、特にアジアを中心とした新興国内での消費のほうだ。

およそ20億人を超えるこれらの国々の新しいミドルクラスの人々は、1980年代～1990年代にかけてグローバル化が始まったときよりずっと高度な教育を受けている。そして生産拠点が中国を離れ、フィリピン、タイ、ベトナム、マレーシアへと動くにつれて、新興国市場も大きく動いている。

グローバル経済は、おおむねフリードマンのような識者らが考えたとおりに動いたが、今、世界は新しいステージに入った。**新しく台頭したミドルクラスの先発隊が、世界中のミドルクラスの顧客経験の基礎をつくることになる。**

労働と資本に起きた変化により、アジア、アフリカ、中東、ラテン・アメリカといった市場に、自由に使える資金が流れこんでいる。その一方で、人々は西側が今まで使ってきた製品やサービスを知り、より良い暮らしをイメージできるようになっている。

しかし、彼らが求めているのは、自分たちの収入で買うことができ、実際に買いたいと思うような価格の商品やサービスだ。

先ほど述べたように、新興国のミドルクラスは、医療保険や年金の制度が整っていないことから、貯蓄に励む傾向があった。不慮の事態に備えてそうするように、意識に刷り込まれてきたのである。

10年後の中国とインドは、今とはまったく違う国になっているだろう。こうした国々を理解しようとするとき、ひとくくりで考えていてはいけない。国ごと、文化ごとに考えていく必要がある。

たとえば、タイでは政治的な混乱が続いている。インドネシアには昔から汚職問題があり、最近、政権交代もあった。世界最大のイスラム教徒人口を抱える国として、どのような指導力を発揮していくのか要注目である。

マレーシアの場合、これまでの歩みはゆっくりだったが潜在的な力がある。シンガポールはいうまでもなく重要な国だ。ベトナムは今でも共産国だが、資本主義的な経済活動が広がってきている。そして、技術面で才能を持つ優秀な人材が多い。

シリコンバレーにあるミスフィットは、わたしが設立にかかわった会社だが、そこには60人のベトナム人データ・サイエンティストがいて、モバイル向けの予測分析をおこなっている。ベトナムには研究拠点も置いている。経済的には世界で57番目の国だが、数学の学力では世界のトップ20に入る国だ。

もちろん、多くの西側企業がすでにこうした新興国市場に進出している。

中国で一番人気の車はゼネラル・モーターズのビュイックで、高級車として位置づけられている。アメリカの看板ブランドのようなピザハットやKFCも中国で成功を収めている。

しかし、今後は現地の企業がどんどん発展していくだろう。今までは、マネジャーの多くはアメリカ人駐在員か、アメリカで教育を受けた外国人だった。今では十分なスキルを持った人材が現地にもいるので、駐在員は減っていくだろう。現地の文化に不慣れな外国人を法外な給料を払って雇う必要はない。

今後は、世界のどこでも（アメリカも例外ではない）革新的なビジネスを展開するためには、その土地の文化を深く理解することが求められるようになる。

先進国の会社が新興市場に参入して、台頭するミドルクラスの心をつかむためには、創造的に考えなければならない。2010年、マッキンゼーは『世界で台頭するミドルクラスを獲得する』というレポートを発表した。

そこでは「繁栄の道を歩む新興市場に深く入りこむためには、短期間で規模を追求することが重要だ」と主張している。たとえば次のような事例があげられている。

・醸造会社のSABミラーは、市場で受け入れられる価格にするために、オオムギとトウモロコシではなく、地元でとれるキャッサバと砂糖を原料として使っている

・家電メーカーのＬＧは「新興国の消費者は、先進国の消費者に比べて、より良いサービスにお金を払うことに抵抗がないことに気づいた。そこで、24時間いつでも商品の不具合を相談でき、修理が必要な場合には６時間以内に訪問することを保証したサービスを開始した（24時間という会社が多い）」

スペインのザラは、グローバル市場に照準を合わせて見事に変容し、世界最大のアパレルメーカーとなった。２００９年のニューヨーク・タイムズ紙には「ザラは新商品の開発から店舗に並べるまでの作業をたった２週間でおこなう」という記事が出ている。業界平均は６週間である。さらに、「年間１万という新しいデザインを生み出す」そうだ。

２０１４年春の店舗数に注目してほしい。世界88か国に進出し、メキシコに58店舗、ブラジルに46店舗、ロシアに71店舗、ポーランドに44店舗、ルーマニアに22店舗展開している。２０１２年のビジネス・インサイダーの記事はこう指摘する。

「ザラについてもう１つ重要な点は、『洋服は高ければ高いほど良いものだ』という考えを否定したことにある。ケイト・ミドルトン（ケンブリッジ侯爵夫人）はザラを着てよく写真に撮られ、素敵なものを安く買うことは自慢できることだと示した」

サムソナイトはアメリカのブランドで主に中間価格帯の商品を扱っているが、中国では高級ブランドして自らを位置づけ、良い反応を得ている。現在、インドでも同じ路線でビジネスを展開している。

新興市場におけるつつましいミドルクラスの台頭は、現地や近隣国の企業にとって大きなチャンスとなる。問題は、西側の適応型企業が、この巨大な新しいマーケットに参入できるかどうかだ。

PART 3

いかに10億ドル規模のビジネスのコンセプトをつくるのか

HOW TO CREATE
A BILLION-DOLLAR BUSINESS
CONCEPT

3-1

10億ドル規模のビジネスへのイントロダクション

「ビジネスの目的は顧客の創造である」
――ピーター・F・ドラッガー
経営学者

革新的なビジネスには2種類ある。

1つは小売、ヘルスケア、教育といった既存産業のなかでイノベーションを起こすものだ。これは新規事業のなかでもっとも多いもので、本書で述べるのもこのタイプだ。

もう1つは、はるかに高い目標を掲げ、まったく新しい産業をつくるものだ。世界中のソーシャル・メディアの先駆けとなったマーク・ザッカーバーグのフェイスブックはこの一例だ。

本書は顧客の目から見て、より良い商品やサービスを提供することによって、既存の産業全体、あるいはその一部を変えていこうという、適応型イノベーターや適応型企業を想定している。

あとで詳しく述べるが適切な専門知識は必須だ。さらに、競合相手とそのビジネスモデル、土台となる経済モデル、顧客が既存の商品やサービスをどう評価しているか、といったことについてきめ細かな調査もしなければならない。

そして、ビジネス・コンセプトをつくるチームのメンバーは、パート1で述べた4つのテクノロジー（クラウド・コンピューティング、ワイヤレス・センサー、ビッグデータ、モバイル機器）に精通している必要がある。

たとえばモバイル機器を利用しない戦略を立ててもうまくいかない。今の時代において、モバイル機器はもっとも重要なコミュニケーションツールで、これによりニュースやスポーツ、エンターテイメントなどの情報にリアルタイムで接することができ、また、商品を購入することもできる。

10億ドル規模のビジネスのコンセプトをつくるときには、チーム（2人以上の創業者からなることが多い）でブレインストーミングをおこなう。確実な情報をもとに、オープンな雰囲気のなかでおこなうことが大切だ。

このとき、1つの壮大なアイデアがあるだけでは十分とはいえない。コンセプトは、物理的にも資金的にも実現できる可能性があり、顧客の視点から見て革新的と思えるものでなければならない。これがビジネスモデルの基礎となる。

次に実現の可能性を高めていくにはどうすれば良いかを考える。このパートでは、10億ドルビジネスのコンセプトづくりについて、次の4つのアプローチから見ていく。

・10億ドル規模の問題を解決する
・「もっといい方法が必ずある」
・価格を破壊する
・抜きんでた顧客経験を提供する

3-2 10億ドル規模の問題を解決する

「わたしたちはただ座って理屈を並べている状態には耐えられなかった。とにかくつくり始めた」

——ジュリア・ハーツ
イベントブライトの共同創業者、プレジデント

「10億ドルビジネスのコンセプトとはどういうものか」という問いに対する一番単純な答えは、「10億ドル規模の問題を解決するもの」だ。今まで誰かがやった方法よりもはるかにすぐれた方法で解決するのである。

わたしが、1970年にペプシコーラのマーケティング部門のバイス・プレジデントに就任したとき、最初の仕事となったのは、コカ・コーラの特徴的なデザインの6・5オンスのガラス瓶に対抗すべく、小型瓶を改良することだった。

当時、ペプシはあまり市場調査をやっていなかったので、まずは現状を把握するために、家庭で炭酸飲料がどのくらい消費されているかを調べることから始めた。

調査では、毎週、550世帯に再生瓶入りの炭酸飲料を1カートン届け、好きなものを選んでもらい、それらを置いていった。9週間後、おもしろい結果が出た。置いていった本数にかかわらず、1週間後にはほとんどの家庭で先週分の在庫が空になっていたのである。

わたしたちは自分たちに問いかけた。

なぜ、わたしたちはペプシの小型瓶のデザインを改良しようとしているのだろう？すべきことは大型のボトルを開発することではないか？

ペプシの利益は、各家庭が毎週どれだけペプシを消費するかで決まるのだから。

わたしたちはデュポンとともに12カ月かけて、2リットルのペットボトルを開発した。ちょうどこの頃、小売チェーンという形で台頭した新しい販売チャネルは、瓶入りのソフトドリンクを扱うのを嫌がっていた。ガラス瓶は割れて中身が飛び散る、というイメージがあったからだ。

アーカンソー州のベントンビルに、サム・ウォルトンを訪ねた日のことをよく覚えている。30歳のわたしから見れば、当時すでにウォルマートを急成長させていたミスター・ウォルトンは格が違う相手だった。

それでもなんとかして説得するつもりだった。新しい2リットルのペットボトルの利点を彼にわかってもらわなければならない。わたしは何度も練習したセリフで切りだした。

「ミスター・ウォルトン、これがペプシの新しい割れないボトルです。御社の巨大な売り場にぴったりだと思います」

そういって、わたしはボトルを床に落とした。まわりにいた人は皆、息を飲んだ。ガラスが割れる！　だが、ボトルは一度跳ねかえってから、そのまま床を転がった。

「一体、これは何でできているんだ？」

ミスター・ウォルトンは驚いて訊ねた。わたしは彼の心をつかんだことを確信した。これが始まりだった。このあとマーケティング・キャンペーンは大成功に向かってひた走る。

当時、大型小売店やドラッグストアのチェーン店は、商品の売上データを倉庫の出荷データで把握していたため、各店舗でいつどのくらいの量が売れているのかは正確に把握していなかった。

わたしたちには、暑い夏の週末には、1店舗でトラック1台分のドリンクが売れるという確信があった。

ペプシでは、マッキンゼー・アンド・カンパニーと一緒に、早くから統一商品コードの開発に取り組んでいた。のちにバーコードとして普及したコードである。ペプシコーラはこのバーコードを使ってチェーン店での売上を把握できる初めての商品となった。

だから、わたしたちはウォルマートでの売上も把握できた。しかし、それでもペプシは大型チェーン店で販売される4万点というアイテムのなかの1つにすぎない。経営幹部の目を引くための策が必要だった。

思いついたのは、単純なことだった。ウォルマートにこういったのである。

「わたしたちは御社の銀行なんです!」

先方が困惑していたので、店内の売上データを見せて、ウォルマートが支払うまでにペプシが5回転している事実を示した。彼らは即座に理解した。利益率の低い小売店にとって、それは数億ドルという運転資本の増加を意味していたのである。

わたしたちは2つの大きな問題を解決した。割れないボトルを開発し、顧客のキャッシュフローを増加させたのだ。

入社直後の研修期間には、夜中にスーパーマーケットに行っては商品棚にペプシを補充した。このときの経験から、昔からある商品棚は2リットルボトルも、そののち登場した

12本パックも想定していないことを知っていた。

そこで「ペプシはあなたの新しい銀行です」といったときと同じ視点で取り組み、冷蔵庫や冷蔵陳列棚など、各種器材をデザインした。

わたしは工業デザインを勉強し、1950年代にもっとも有名なデザイン会社だったドナルド・デスキー・アソシエイツで一時期、デザイナーとして働いたことがある。だから、器材のデザインには進んで参加し、力を注いだ。

3年後には、ソフトドリンクの棚の平均的なスペースは3倍になっていた。ACニールセンからは、もっとも長期にわたって市場シェアを伸ばし続けたブランドして表彰された。さらに3年後には、ペプシは4万点を販売する大型量販店で、もっとも売れるブランドになった。

こうした経験から、正しい質問をすることの重要性と、マーケティングをたんなるイベントではなく、エンド・ツー・エンドのシステムとして考えることの大切さを学んだ。

そして、もっと重要なことは、「大口顧客の問題を解決することが、いかに大きな意味を持つか」ということだろう。

プラスティック製のボトルに関して、もう1つ紹介したい話がある。

1970年代後半、弟のデイヴィッドはハインツのマーケティング部門を率いており、その後ハインツUSAのCEOとなった。デイヴィッドもわたしもよく店を見て歩いた。2人とも好奇心旺盛で、いつももっと良い方法が必ずあると考えている。

ある日、デイヴィッドはボストンのスーパーマーケットで、プラスティックのボトルに入ったバーベキューソースを見つけた。オーシャン・スプレーがテスト商品として販売していたものだった。デイヴィッドは考えた。

「ハインツのケチャップを瓶から必要な量だけ出すのは難しい。プラスティックのボトルに入れて絞りだせるようにすればどうだろう。そうすれば使いやすくなるのではないか。大きな問題をこれで解決できるのではないだろうか」

しかし、オーシャン・スプレーの商品は失敗に終わった。ボトル内部に空気が入ってしまい、中身がすぐに傷んでしまうからだ。

それでも、デイヴィッドは、プラスティック製のボトルを使えば消費者の抱える問題が解決できることを調査・確認したうえで、アメリカン・キャン・カンパニーと一緒に多層式の容器を開発した。

これはデイヴィッドがCEOだった時期に、ハインツが急成長した理由の1つである。

この2つの例から、マーケティングのイノベーションは商品そのものだけではなく、容器も対象になることがわかってもらえると思う。2リットルのペットボトルはペプシに利益をもたらし、絞り出せるプラスティック製の容器はハインツに利益をもらした。

適応型イノベーターは、問題解決できることがないか他業界に対しても目を配っている。一般消費者が抱える大きな問題を解決しようとするところには、大きなビジネスチャンスがある。

しかし、このアプローチは、テクノロジーの飛躍的な進歩がなければ実現しないケースも多い。ときには長い年月がかかることもあるだろう。しかも、独自のプロセスを確立したり、特許を取ったりしない限り、競争上の優位はすぐに消えてしまう。

それでも市場に一早く参入すれば有利な位置につける。チャレンジする価値はある。

アメリカで大きな問題を抱えている業界といえば、ヘルスケア業界だ。わが国のヘルスケア市場は世界最大で、2兆8000億ドルにものぼり、しかも今後も拡大し続けることが見込まれている。高齢化が進んでいること、特にベビーブーマー世代がもうすぐ引退する時期に来ていることがその理由だ。

業界と患者にとって、もっとも厄介なことが緊急救命室の問題である。緊急救命室はいつも混雑していて、数時間待つことも珍しくない。最近までは、緊急救命室で治療を受けることができるのは、重傷を負った人や処方箋を必要とする人など、緊急性の高い患者に限られていた。

しかし、かかりつけ医がいたとしても、診てもらうためには数日、あるいは数週間かかるのが普通だ。だから多くの患者は、簡単な手当を受けるだけでも、しかたなく緊急救命室を利用する。

この問題を受けて、約10年前に救急医療センターが生まれた。多くのセンターは医者が1人、看護師が数人という規模で便利な場所にある。診療時間はだいたい午前9時から午後9時で、1年中開いているところが多い。患者にとっては非常にありがたい施設だ。すぐに診てもらえて、費用も緊急救命室の何分の一かですむ。

今では全州で9000を超える救急医療センターがある。最近わたしが関与した調査プロジェクトの結果、少なくとも24パーセントの成人が年に平均2回は救急医療センターを利用していることがわかった。

これは、この調査時点でiPadを所有している人の割合より大きい。救急医療センターは数十億ドル規模の問題を解決していることになる。

この業界で、やはり数十億ドル規模の問題を解決している医療サービスがある。テレヘルス（遠隔医療）と呼ばれる分野だ。そのなかにMDLIVEという会社があり、わたしも個人的に参加している。

MDLIVEは、緊急性は高くないが医者と直接話をしたい患者にサービスを提供する。

患者は、電話かセキュリティ対策が講じられたインターネットを通じて、1年365日、24時間サービスを受けることができる。処方箋が必要であれば、患者の地元の薬局に瞬時に送ってくれる。

ＭＤＬＩＶＥが目指したのは、一般の人々がいつでも医療サービスを受けられる環境だ。一般の患者は、予約を取ってから何日か待ち、さらに医者のところに行って何時間も待たされる。

この医療サービスに変革をもたらす会社を設立し、ＣＥＯを務めているのが、ランディ・パーカーだ。わたしは友人として、ビジネス・パートナーとして、彼を高く評価している。先を見通す彼の洞察力はすばらしいと思う。

ランディはこのビジネスの展開についてすでに先を読んでいる。軽い病気を対象とするテレヘルスは急激に発達しているものの、時間が経つにつれて、利益率が圧迫されることは目に見えている。

ランディは、まずは軽い病気を対象としたエンド・ツー・エンドのシステムをつくり、次第に重い病気へと対象を広げ、さらに有名な大病院のシステムをターゲットとすることで利益率を上げていこうと考えている。

実現すれば、地域をまたいだヘルスケアシステムのネットワークができ、専門医やセカンドオピニオンへのアクセスを提供できるようになる。

これは、適応型イノベーターが専門知識を生かして、現状を大きく改善するビジネスを目指す典型的な例だ。

ヘルスケアの分野で一般消費者が主役となる時代が来るかどうかは、急速に進化するデジタルヘルスの世界のネットワーク効果にかかっている。

この分野の発展には、専門知識を持った人々が大きく貢献している。なかには、スクリプス研究所のエリック・トポル、ノスタラブズの創業者のジョン・ノスタ、シンギュラリティ・ユニバーシティのダニエル・クラフトがいる。わたし自身、この3人からはいろいろ教わった。

10億ドル規模のビジネスのコンセプトをつくるのであれば、あなたの専門知識を生かして徹底的な調査をおこない、大きな問題を特定するところから始めると良いだろう。

しかし、アプローチはこれだけではない。

3-3 「もっと良い方法が必ずある」

「問題をつくりだしたときと同じ思考のままでは、問題は解決できない」

――アルベルト・アインシュタイン

わたしの人生は、新しい技術に接したときの驚きと、その可能性に対する好奇心に突き動かされてきたといっていい。

子どもの頃にはおもちゃに興味を示さず、代わりに、電灯やバッテリー、スイッチなどの電気部品をいじって遊んでいた。やがて、電子機器に夢中になった。自分と同じような趣味を持った友達と連れだって、ニューヨークのコートランド・ストリートにある、ラジオやテレビ、無数の電気部品の中古品を扱う店によく行ったものだ。

13歳のときには、アマチュア無線の免許を取って、K2HEPというコールサインをもらった。

14歳でカラーテレビのブラウン管を発明した。父が特許の申請を手伝ってくれたが、同じような特許を申請していたアーネスト・オーランド・ローレンスに先を越されてしまった。原子核の人工破壊などに用いられるサイクロトロンの発明者で、その名をローレンス・リバモア国立研究所に冠せられている人物だ。

ローレンス博士の発明は、最終的にソニーに売られ、トリニトロン・カラーテレビの基礎となった。

10代の間に、何台かカラーテレビも試作した。色相環からカラーフィルターまで試してみたり、ヒースキット（ヒース社が販売していた組立用のキット）を組み立てたりもした。

わたしはエンジニアでもないし、スティーブ・ウォズニアックのような天才でもない。だが、人並みはずれた好奇心がある。ビジネス上の問題や商品に向かうとき、常に「もっと良い方法が必ずある」という結論に行きつく。

そういう性格だから、既存のものよりも、ずっと良いものをつくりだそうとする人を見ると称賛したくなるのだと思う。

最近、ウルフギャング・パックと、カリフォルニアのビバリーヒルズにある彼のレストラン・スパゴで話をする機会があった。彼は好奇心と情熱を持って、食の世界を探求し続けている。その彼が次のように語ってくれた。

「スパゴをオープンするとき、劇場みたいにしたいと思ったんだ。だから、キッチンをダイニングルームの真ん中に置いて、シェフが料理するところを客が見えるようにしたんだ。炭火グリルで焼いたり、サラダを混ぜ合わせたりするところをね。

客はよくわたしのところに来て「今日のおすすめは何だい?」と訊いてくれた。それ以前のレストランとはまったく異なる顧客経験だったはずだ。昔ながらのレストランでは、客の目の前にいたのはタキシードに身を包んだウエイターで、シェフは裏方にいたわけだから。誰もシェフがどんな人なのか知らなかった。

スパゴは、シェフをレストランの中心に据えた初めてのレストランだった。今ではオーナーシェフは珍しくもないけど、当時のアメリカには、オーナーシェフがやっている本当にすばらしいレストランは5件くらいしかなかったんじゃないかな。

わたしは、いつももっと学びたいと思っている。何が起きているのかに興味津々だよ。今でも勉強しなければならないことはたくさんある。だけど、今やっていることに興味は尽きないし、いつも新しいことを試したいと思っている。

それが空港のサンドイッチ店でも、スーパーマーケットで売るスープでも、何かを新しくする機会というのは本当に胸が躍るよ」

将来有望な新しいビジネスを立ちあげるとき、その原点にはいつも顧客経験がある。多くの場合、不愉快な経験だ。

ニューヨークでタクシーをつかまえるのは、恐ろしく不愉快な経験だ。特にシフトチェンジの時間帯には。リムジンサービスは高い。しかも待ち時間の分まで払うとなれば、もっと高くなる。

ここに解決を待っている10億ドル規模の問題がある。ウーバーを創業したトラビス・カラニックとギャレット・キャンプは、車を求める乗客と乗客を求める車をつなげる方法を思いついた。これなら従来のリムジンサービスに比べて10倍良い顧客経験を提供できる。

顧客側から見れば、必要なときに簡単に配車してもらえて、しかも料金はずっと安い。タクシー組合が強い力を持っているサンフランシスコやニューヨークでは苦労したが、ウーバーの成功は今では広く知られている。

２００９年に設立して、公開はしていないものの、直近の評価額は１８０億ドルにもなる。発展したテクノロジーとネットワーク効果をうまく利用した例といえるだろう。創業者の2人は、顧客の問題を解決することで「もっと良い方法」をつくりだした。

初めてエアビーアンドビーのことを聞いたとき、わたしは子どもの頃の旅行を思い出した。両親と一緒にペンシルバニア州のアーミッシュ村を車で訪ねたときのことだ。まだ州間高速道路がなかった時代で、夕方になると車を走らせながら、道路沿いの「空室あり」という看板を探した。いわゆる「ベッド・アンド・ブレックファスト」で、多くの一般家庭がそれで収入を得ていた。

2008年、ブライアン・チェスキー、ジョー・ゲビア、ネイサン・ブレチャージクがエアベッドアンドブレックファスト・ドット・コムを設立した。名前はのちに、エアビーアンドビーと短くなった。

彼らが目指したのは、他人の家やアパートメントを利用して、破壊的な価格で快適な宿泊施設を提供するサービスだった。

テクノロジーの力が、このシンプルで手軽な顧客経験を実現させた。今では190カ国、3万4000以上の町に宿泊施設があり、これまでに1500万人以上の旅行者がこのサービスを利用している。

見込まれる市場価額は約100億ドル。すべては、もっと良い方法で宿泊施設を提供するというアイデアと情熱から生まれた。

わたしが初めてマイケル・デルに会ったのは１９９０年だった。テキサス大学の寮の一室で受注生産方式のパソコン会社を設立したという。彼のサクセスストーリーはすでに神話となっていた。

１９９０年代の初め頃までは、ティム・バーナーズ・リーのウェブも、ジム・クラークとマーク・アンドリーセンのネットスケープ・コミュニケーションズもなく、通信手段としてファックスが広く利用されていた。

すでにインテルとマイクロソフトがつくりあげた生態系があり、多くの会社が部品を購入してパーソナルコンピュータを組み立てていた。

マイケルは、自分ならもっと良い方法でパーソナルコンピュータを売れると思った。その独特なビジネスモデルはこうだ。

電話かファックスで連絡を受け、プロセッサからメモリやハードドライブの容量まで、完全に客の希望に沿ったパーソナルコンピュータを組み立てる。必要なソフトウエアも事前に入れておく。経費を低く抑えることができるので、価格も安い。

最初はほとんど研究開発費用をかけずに運営し、次に最終組み立てとテストをおこなうテキサス州オースティンの工場近くのベンダー各社に在庫を管理してもらい、ジャスト・

イン・タイム方式でおこなうサプライチェーン・モデルをつくりあげていった。

ちょうどそのころ、IBMはマイクロソフトに対抗しておこなっていた独自のオペレーティング・システムの開発をあきらめ、ウィンドウズと互換性のあるOS2というオペレーティング・システムを評価減している。

時を同じくして、デルの安くて、速くて、より良いビジネスモデルが離陸した。

その成功への道のりは平たんなものではなかった。

1994年にはファックスでの注文は時代遅れとなり、顧客は、受注生産方式で破壊的な価格のデルのパソコンをオンラインで注文するようになった。

ところが、マイケルの資金は尽きかけていた。ジャスト・イン・タイム方式でサプライチェーンをつくりあげたにもかかわらずだ（販売店の資本を利用するのは思ったほど簡単ではなかった）。

幸い、マイケルはわたしの友人で非常に優秀な2人の助言を得ることができた。2人は資金繰りの問題で瀕死の状態にいたマイケルにアドバイスし、また、デルのデザインや品質の改善を手助けした。

モトローラの元エグゼクティブ・バイス・プレジデント（EVP）、モート・トファーは、デルのEVPとなり、会社を立て直すマイケルを支えた。

もう1人、わたしと長いつきあいのモート・メイヤーソンは、マイケルにとって初めてのメンターとなった。彼は人を見る目があり、優れたシステム・デザイナーでもある。ロス・ペローの片腕として実績をあげ、のちにペローの設立したエレクトロニック・データ・システムズ（EDS）のCEOに就任している。

マイケルがこのようなすばらしいメンターを得たのは幸運だったと思う。

最近のデルは、パーソナルコンピュータの販売不振に悩んでいる。マイケルは会社を非上場とし、今は起業したときと同じように、夢中になって仕事に取り組んでいるようだ。彼の好奇心と、もっと良い方法を探そうとする姿勢はぶれることがない。マイケルは新生デルに向けて前進する決意を固めている。

ユニクロは日本の会社で、創業から30年以上が経つ。創業者の柳井正は、日本でもっとも富裕な起業家の1人だ。

ユニクロは、活動的でカジュアルなライフスタイルに最適なきわめて軽い生地を開発した。ユニクロの特徴は、小さなエア・ポケットが体から蒸発する水分を熱に変えるといった特殊な機能を持つ生地にある。

ファッションといえば、デザインやブランドが話題の中心になることがほとんどだが、ユニクロは、科学の力で独特の生地をつくり、成功した。その製品は、暖かさ、防しわ性、通気性といった実用性を重視してつくられている。

ユニクロのもっと良い方法を追求する姿勢は、速乾性にすぐれ、においや蒸れを防ぎ、空気のように軽い衣服を好むアクティブな若者に向けて、低価格で提供しているところにあらわれている。

実際にユニクロの店舗に足を運んだことのある人なら、ほかとは違った経験というのがどういうものかわかってもらえるだろう。ユニクロは、より手頃な衣類を求めるミドルクラスに破壊的な価格で提供するビジネスモデルと、特別な顧客経験を組み合わせた。時代の先端をいく軽量の商品を取りそろえ、接客はきめ細かく、整然と並んだレジでは手際よく丁寧に対応してくれる。フィフス・アベニューにフラッグシップ店を構えたユニクロは、今、ニューヨークでもっとも注目を集める小売店の1つだ。

独特の解決方法で、もっと良い方法を見つけたのである。

テッド・ターナーとわたしは1960年代の初めごろ、ブラウン大学に通っていた。テッドは途中で大学を辞め、起業家への道を歩み始めた。

1977年、彼は自身が所有するアトランタ・ブレーブスの試合を衛星放送で流し始めた。やがて、テレビのニュース番組をもっと良い方法で放送することを考えるようになった。24時間放送である。

1980年には、CNNを開局し、アトランタからアメリカ中に向けて24時間ニュースを流し始めた。これは当時としては型破りな試みで、業界では30分枠で毎晩放送されるニュース番組と、質的に肩を並べることができるのかと疑問視する声も多かった。テッドは新しいテクノロジーを利用して番組制作のコストを大幅に下げる戦略を持っていたが、当時の大手放送局にはテッドが何をしようとしているのか見抜けなかったようだ。価格の安い一般向けのビデオカメラが普及し始めたのを受けて、テッドは、世界中のフリーランスのカメラクルーにそれを持たせ、リアルタイムのニュースを衛星経由でアトランタに伝えてもらった。

こうしてテッドのもっと良い方法でニュースを伝えようとした取り組みは、ケーブルテレビを根底から変えた。

もっと良い方法を探した、もう1つの例としてあげられるのが、オープンテーブルだ。インターネット時代が到来したとき、オープンテーブルの創業者は、レストランのもっと良い予約方法があると考えた。高性能なシステムと力強いマーケティングにより、オープンテーブルは新たに生まれた業界のリーダーとなった。

顧客は簡単に予約ができ、レストラン側は席を埋めることができる。オープンテーブルは双方にメリットを提供したのだ。同社は最近、旅行に関するオンラインサービスを提供するプライスラインに26億ドルで買収された。

ビジネス・ツー・ビジネス（B2B）における「もっと良い方法」

過去30年間、知識労働を原動力にビジネスの生産性は着実に上昇してきた。

個人向けのツールとしてできたものが、後にクライアント・サーバーシステムに進化し、部門全体やもっと大きな領域で使われるようになった。今では、仕事のバリューチェーン全体に広がっている。

デイヴィッド・ダフィールドとアニール・ブースリは、自分たちで創業したピープルソフトを、オラクルに敵対的に買収されて失った。

オラクルがピープルソフトを買収した目的はその技術ではなかった。クライアント・サーバー・モデルはテクノロジーの発展サイクルでいえば終焉に近いところにあったからだ。ほしかったのは、その顧客基盤だった。オラクルの共同創業者でCEOのラリー・エリソンは、顧客中心の経済をよく理解していた。自分たちで新規に顧客を獲得するより、JDエドワーズやシーベル・システムズ、そしてピープルソフトといった会社を買収するほうが、ずっと安くつくことを知っていたのだ。

また、規模の重要性もわかっており、ピープルソフトの顧客を活用して、オラクルの幅広い事業に役立てようとした。戦略としてはすぐれていたが、必ずしも買収が友好的なものになるとは限らなかった。

ダフィールドとブースリは、自分たちの人材関係の専門知識を生かせば、もっと進んだ会社をつくれると考えた。こうしてワークデイというサービス型ソフトウエア（ＳａａＳ）会社が生まれた。

そしてわずか数年で、創業者２人の構想は実現し、もっと良い方法でＢ２Ｂサービスを提供する好例となった。ワークデイは、知識労働者がリアルタイムで協力しながら仕事をすすめるためのツールを、クラウドから完全自動で提供する。

グローバルな労働力を組織する、配置する、給与を支払うといったプロセスを単純なものにしてくれる。

セールスフォース・ドットコムのように、ワークデイもクラウドを使ってオンデマンド形式でＢ２Ｂサービスを提供する。さまざまな専門領域の機能をつなぎあわせ、ユーザーにシンプルな顧客経験を提供するあたりは、アップルのデザイン方針に通じるものがある。

たとえば、ワークデイを使えば、給与支払い、人事、成果、勤怠、財務をまとめて管理できる。ワークデイは、新しいテクノロジーを利用して、ユーザーそれぞれに合わせたエンド・ツー・エンドのシステムをつくりあげた。
もっと良い方法で仕事を組織化したといえるだろう。2005年に設立されたワークデイの時価総額は約160億ドルとなっている。

デジタル・テクノロジーの進化は、もっと良い方法を追求する会社にとって大きなチャンスだ。そうしたなかで、最近、わたしはピュア・ストレージに注目している。覚えている人もいるかもしれないが、数年前、アップルはiMacで光学式ドライブをやめて、ソリッド・ステート・ストレージに移行した。オール・フラッシュ・ストレージはコストがかかるので簡単な決断ではなかっただろうが、将来を見据えれば正しい決断だった。

フュージョン・アイオーやヴァイオリン・メモリーなど、この流れに乗る企業は増えている。ピュア・ストレージは巨人IBMに戦いを挑む勢いで、早くも数百テラバイトのストレージ・アレイを開発した。互換性があり、光学式ドライブよりも安い。

だが、価格の安さは一番重要なポイントではない。重要なのは、データセンターにふさわしい、完璧なエンド・ツー・エンドのシステムであるという点だ。クラウド化を推進する大企業にとって、それは大きな意味を持つ。

テクノロジーが新しいビジネスの核になる時代においては、新しいテクノロジーがコモディティ化する前に、「規模を拡大すること」と「顧客基盤を確実なものにすること」が重要になってくる。

起業するにあたって、専門性の高い優秀な人材をそろえることは大きな利点となるだろう。テクノロジーは流れを大きく変えるが、同時に、これまでにはなかったようなスピードでコモディティ化するものでもある。

今の時代の起業家に求められているのは、ほかにはない顧客経験、圧倒的な専門知識、ネットワーク効果、そして速く、安く仕事を進める仕組みといったものだ。いってしまえば簡単だが、実現するのは難しい。

もっと良い方法が必ずあるという姿勢を貫けば、最終的には革新的なビジネスにつながるだろう。常にその姿勢でいることは、常に動くターゲットを追いかけることを意味する。それがビジネスに力強い成長をもたらすはずだ。

商品やサービスを改善するもっと良い方法を追求する姿勢は、目新しいものではないが、今でもビジネスを成功させる基礎となる。

それはたいてい好奇心から始まり、やがて情熱へと昇華するが、コンセプトを実現するためには、ほかにも必要な要素がある。

次章では、「価格破壊」の可能性について述べたいと思う。新しいテクノロジーによって可能となった破壊的な価格は、10億ドルビジネスのコンセプトを実現するときに大きな力を発揮する。

3-4

価格破壊——隠れる場所はない

「あなたの利益はわたしのチャンスだ」
——ジェフ・ベゾス
アマゾンの創業者、CEO

1990年以前には、ペンシルバニア州にもカリフォルニア州にも、ウォルマートはなかった。1962年に創業した同社は、今ではどちらの州にも多数ある。

公開企業としても小売業者としても、世界でもっとも巨大な企業の1社に成長し、その売上高は多くの国のGDPを上回る。

最低賃金で働く従業員の数も巨大で、国内に約140万人、世界では約200万人の従業員を抱えるウォルマートは、世界最大の仕入れ業者だ。その仕入先は、主に中国となっており、中国が世界の工場となった大きな要因でもある。

サム・ウォルトンは、業界のルールを変えた稀有なイノベーターだ。地方の町から始め、次第に大都市に進出し、最終的には世界最大の小売店をつくりあげた。

ターゲットとしたのは基本的には、地方に住む低所得者層の人たちだった。高所得の人たちが求める商品と同じものを、ずっと低い価格で求める人たちだった。

サム・ウォルトンの大規模な小売店がその希望をかなえたのである。

5000億ドル近くの売上を誇るウォルマートだが、今すぐということではないにしても、やがては崩壊の危機にさらされるかもしれない。なぜ、そういえるのかといえば、オンライン売上にその理由がある。

ウォルマートの昨年のオンライン売上は90億ドルにすぎなかった。ワイヤードは2013年の初めにこう書いている。

「ウォルマートは90億ドルという数字を見て、それを増加させる以外の道は見えていないだろう。彼らが見ているもう1つの数字は、アマゾンの610億ドルという売上高だ」

たしかにそのとおりだろう。アマゾンの売上は2013年末には、750億ドルにまで伸びている。

価格破壊という破城槌

ウォルマートがターゲットにしたのは地方に住むブルーカラーで、伝統的なミドルクラスの生活にあこがれるロウワー・ミドルクラス層だった。

一方、アマゾンが狙いを定めたのは、お金と時間に余裕はないが、新しい方法で価値あるものを手にしたいと思う適応型ミドルクラスだった。

アマゾンのモデルには小売店は存在しないが、ウォルマートと同じように、低い賃金で多くの人を雇っている。ただし、彼らが従事しているのは、即日配送のためのサプライセンターだ。

顧客との接し方も違う。アマゾンの従業員はテクノロジーを通じて顧客と接する。一方、ウォルマートは店舗のドア口で迎えたり、在庫の確認作業を中断して、目当ての商品の場所に案内したりといった形で顧客と接する。

ワイヤードは、アマゾンは「ジェフ・ベゾスの破城槌《はじょうつい》」だという。ウォルマートにとっては、まさしくそのものだろう。

アマゾンは未来の顧客経験をつくりだす。巨大なクラウド・コンピューティング・システムを利用し、購買履歴から顧客がほしがる商品やサービスを予想する。ビッグデータ分析を原動力として、顧客経験を生み出すのだ。

あらゆる商品をそろえるために、アマゾンは顧客がほしいものならなんでも（商品でもサービスでも）その日のうちに届けられるよう、各地にサプライセンターをつくっている。最近では、驚いたことに生鮮食料品にも手を広げようとしている。アマゾンは強力なクラウド・コンピュータを利用することで、自社と顧客の自宅（あるいはキンドルサービスなら顧客のモバイル）という2点間で完結するサプライチェーンを実現させた。

従来、知識労働者が担っていた中間のプロセスは今では自動化されている。高いスキルで高い給与をもらっていた中間管理者が管理していた仕事は、今ではコンピュータがおこなっている。

こうしたアマゾンのモデルにならい、中間管理者が抜けた穴を自動化、ロボットの利用、予測分析などで埋める会社が増えている。中間管理者が管理していたコールセンターや受注センターは今ではもうない。

アマゾンのコンセプトの強さは、破壊的な価格に集約される。すでに出版業界を揺るがし、従来型の小売業者に警告を突きつけている。だが、最終的にものをいうのは、顧客満足度だ。

ジェフ・ベゾスは破壊的な価格とほかの店舗では経験できない便利さを組み合わせた。その扱う商品の幅広さはどの小売業者よりも大きい。ウォルマートでさえかなわない。商品のレビューをリアルタイムで提供し、どこよりも早く配送する。

アマゾンをウォルマートと比べてみると、違いが浮かびあがる。大勢の従業員を抱えている点では同じだが、アマゾンは、データ・サイエンスと自動化されたインテリジェント・システムを最大限に活用して、ほかでは味わえない顧客経験を提供している。

人々がアマゾンで買い物を楽しむ間、アマゾンは顧客がよりスマートに買い物できるように取り組むと同時に、顧客1人ひとりにあった商品を勧めながら動向を探っている。アマゾンの従業員がどこで働いているのかといえば、技術部門かサプライチェーンのどちらかだ。

即日配送のための巨大なサプライセンターをアメリカじゅうに建設し、そこで働く従業員を積極的に増やしている。しかし、人間だけではなくロボットの活用も進めていて、2012年には、7億7500万ドルでロボット会社のキバ・システムズを買収した。

もはやウォルマートと違って、業務プロセスを管理する中程度、あるいは高度なスキルを持つ従業員はそれほど必要としていない。規模は拡大し続けているが、労働力に代わるシステムへの投資も積極的に進めている。

仕事は増えているものの、そこに配置されるのは、競合の小売店で必要とされるスキルとはまったく異なるスキルを持った人材だ。アマゾンの成功を要約すると、次のような方程式になる。

ほかにはない顧客経験＋もっと良い方法が必ずある＋低価格＝最高の適応型イノベーション

価格破壊をすすめるのに今ほど最適な時代はない。クラウド・サービスとデータ分析という技術的なツールがますます利用しやすくなってきており、そうした技術を使うことで、期待以上の低価格で顧客の経験価値を高めることができるようになってきている。この組み合わせで10億ドル規模のビジネスを狙える業界はたくさんある。

価格破壊の例としてもう1社あげたいのが、前述した遠隔医療のMDLIVEだ。同社のサービスを利用すれば、患者は電話やインターネット・ビデオを通じて、資格を持った医者やセラピストに24時間いつでもアクセスできる。

わたしのビジネス・パートナーであり、MDLIVEの創業者でCEOでもあるランディ・パーカーは、数年前、従来の医療モデルが次のような理由によって立ち行かなくなっていることに気づいた。

・非常に高額である
・予約を取っても診療までに数日、数週間かかる
・医者は忙しい
・余計な時間がかかるので、医者は患者の質問に電話でこたえるのを嫌がることが多い
・インターネット上には情報があふれていて、誰でも簡単に入手できる。これが医者と患者の関係に影響を及ぼすことがある

そこで彼は、もっと便利でコストもずっと安い遠隔医療サービスを提供するために、最先端のエンド・ツー・エンドのシステムを開発した。直接会って診療してもらう場合、125ドルほどかかるが、この遠隔医療サービスなら資格をもった医者に40ドルで診てもらえる。

今のところは、気管支炎や尿路感染症など軽い病状に限定して対応しているが、将来的には専門医療へも広げていきたいと考えている。

このビジネスモデルでは、価格破壊という要素が大きな意味を持つ。高額な自賠責プランが普及すればするほど、医療費の自己負担の重さに直面するアメリカ人が増えるだろう。こうしたなかでMDLIVEのような会社は大きな役割を果たすはずだ。

そして、ランディは先ほど述べたように、より専門的な医療への対応という次のフェーズに移る。適応型イノベーターには、成功を享受している時間はない。

価格破壊で成功している会社をもう1社紹介しよう。

ワービー・パーカーという会社で、解決しようと取り組んだのは、メガネの価格の高さだった。コンセプトができたのは、2012年。ウォートン・ビジネススクールの学生だったニール・ブルメンサルとそのクラスメートのアンドリュー・ハント、ジェフリー・レイダー、デイヴィッド・ギルボアがつくりあげた。

ウォートン・デジタル・プレスの記事によれば、4人は業界大手のルクソティカ（傘下にレンズ・クラフターズ、パール・ヴィジョン、サングラス・ハットを持つ）に対抗することにしたという。平均的な価格が250ドルというなかで、ワービー・パーカーは主にオンラインで、95ドルで販売する。価格だけではない。ほかにもユニークな特徴がある。

・スタイリッシュなデザイン

・自宅で試すことができる（1回につき5本までは無料）
・1本売れるごとに、メガネを必要とする人に無料で1本提供する

ワービー・パーカーのコンセプトにはパワーがある。破壊的な価格をベースにしているからだ。特にミレニアル世代を中心にした若い消費者には魅力的に映るようだ。投資家からの注目度も高く、急成長している。

さらに、先ほどの記事によれば、メガネのグローバル市場は、2015年には960億ドルになると見込まれている。ポテンシャルは非常に高い。

もっと身近なところで例をあげよう。最近わたしと弟のデイヴィッドが注目している会社がある。800レイザーズ・ドットコムという、シェービング用品を扱った会社だ。テレビを使ったダイレクト・マーケティングなど、消費者マーケティングに関するわたしたちの経験を買ってくれたようで、創業者のフィル・マシエロとスティーブン・クレインのほうからアプローチがあった。

800レイザーズ・ドットコムは、男性用、女性用の3枚刃、5枚刃の高品質なシェーバーをインターネットだけで売っている。フィルとスティーブンが調査したところ、消費者は高品質なシェーバーの価格に不満を持っていることがわかった。

実際、価格が高いので、万引きを防ぐために、ショーケースのなかに入れて鍵をかけている店は多い。買うときには忙しい店の責任者を見つけて、鍵をあけてもらわなければならないのも不満だった。

そこでフィルとスティーブンは、品質的には大手ブランドにひけを取らない商品を、半分の価格で、手間をかけずに消費者の手元に届ける仕組みを考えだした。2人はクラウドやデータ分析を活用した顧客情報システムを構築し、低コストかつ高品質な顧客経験を提供できるように役立てている。

彼らのビジネスモデルは、既存のカミソリ業界を壊す可能性を十分に持っていると思う。本当の価格破壊を実現するために必要なのは、既存のサプライチェーンに修正を加えることではない。最初から最後までつくり変えることだ。

2013年、スマートフォンの先駆けとなったブラックベリーの取締役会が身売りを模索し始めたのを受けて、わたしは事業の買収を検討した。前年にはシェーン・メイン、ゴードン・マクミランと一緒に、投資会社インフレクションポイントを設立していた。40億ドルを用意したが、結局、ブラックベリーは売却をやめて、事業再生に実績のあるジョン・チェンをCEOに迎える決断を下したため、買収が実現することはなかった。

インフレクションポイントには、すでにサプライチェーンやディストリビューション・

ビジネスに関する実績があったので、高品質なスマートフォンをつくって、新興市場で売るために構築すべきコストモデルはわかっていた。

ブラックベリーには、およそ6500人の従業員がいると見込んだが、必要な人員は500人以下だった。

ジョン・チェンは、コストを大幅に下げなければならないことを理解しているようだ。最初に下した決断は、デザインと製造を、アップルのiPhoneも製造しているフォックスコンに外注するというものだった。

わたしたちがブラックベリーの買収を検討していた頃、マイクロソフトもノキアの携帯電話事業の買収を進めていた。3万2000人の人員をかかえ、4半期ごとに毎年数百万ドルを失っていた事業だ。

マイクロソフトは、ノキアのサプライチェーンを生まれ変わらせ、価格破壊で攻勢をかける他社を打ち破ることができるのか。2014年7月に発表されたリストラ策には、マイクロソフトが目指す方向性が見える。

1万8000人というかつてない規模のリストラは、身軽な組織体制を目指したもので、そのほとんどがノキアから来た従業員を対象としていた。

ブラックベリーの買収は実現しなかったが、インフレクションポイント・アジアには、CEOのニラジ・チョーハンがおり、携帯端末のバリューチェーンに関する専門知識も豊富にあった。

わたしたちなら、高品質な製品を大手ブランドの半分の値段で売れる。そう考え、前述したように2014年、インドでのデリーで、200ドルという低価格でスマートフォンを販売するオビ・コネクト・スマーターを設立した。

同じように高い目標を持ちながら、こうした事例に仲間入りできない起業家には、何が不足しているのだろうか。

これまでは、既存のビジネスの機能の一部をサプライヤーに委譲して、コストを抑えることでチャンスが生まれた。これからは顧客の経験価値を高めるために、ビジネスの前提から見直して全面的にデザインしなおす必要がある。

「もっと良い方法が必ずある」という信念を持って、エンド・ツー・エンドのシステムをつくりなおそうとするときには、顧客が賢くなっているという事実を出発点とすべきだ。

同時に、コストも全面的に下げなければならない。その際には現行のプロセスのままでコストを下げようとするのではなく、社内にいる適応型イノベーターに権限を移譲し、顧客により良いものをより安く提供するために、新しい方法で根底から覆してもらったほうが良い。

ビジネスモデル全体を考え直すことは、価格破壊を実現するために避けては通れない。

価格破壊の威力はすさまじい。それだけでビジネスを成功に導くかもしれない。そこに抜きんでた顧客の経験価値を付加できれば、革新的な最強のビジネス・コンセプトとなるだろう。次章で詳しく見ていこう。

3-5 抜きんでた顧客の経験価値を提供する

「競合相手を気にするなら、相手が動くまで何もできない。顧客に目を向けていれば、常に先に進むことができる」

——ジェフ・ベゾス
アマゾンの創業者、CEO

2006年、ジュリア・ハーツとその夫、ケビン・ハーツはイベントブライトを設立した。2人が目指したのは、世界中の大きなイベントのチケットを販売することではなく、大小を問わず、あらゆるイベントに人が簡単にアクセスできるようにすることだった。

さらにソーシャル・ネットワークの力を利用して、それぞれの関心に合うイベントを紹介したいと思っていた。

たとえば、タフ・マダーという、10マイル~12マイルにわたって軍隊式の過酷な障害物競走をおこなうイベントがある。イベントブライトは、ソーシャル・ネットワークによって、こうしたイベントが人目に触れる機会を増やし、参加者を増やしている。

現在、イベントブライトには世界中のイベントが並び、売上高は年間約10億ドルにも及ぶ。ジュリアとケビンの場合、何よりも顧客の経験価値を重視したことが成功の要因といえる。

10億ドル規模のビジネスのコンセプトづくりでもっとも重視しなければならないのは、抜きんでた顧客の経験価値をつくりだすということだ。

たとえば、次のようなブランドを思い起こしてみればわかるだろう。

・アマゾン
・アップルとアップル・ストア
・グーグル
・フォーシーズンズ・ホテル・アンド・リゾーツ
・スターバックス

・ヴァージン・グループ
・BMV

フォーシーズンズとBMWをのぞけば、いずれも社歴は浅く、20年前には知る人ぞ知るという企業だった。アマゾンやグーグルは20年前には存在もしていなかった。ほかにはない顧客の経験価値を提供して、「ワオ！」といわれるようなスターの地位を手にいれ、それを維持するのは大変なことだ。

アマゾンをのぞいてみれば、この「ワオ！」に焦点を当てた書籍は20冊以上見つかる。トム・ピーターズの本などは『The Pursuit of Wow!』（邦訳『トム・ピーターズの経営創造』）とそのものずばりのタイトルをつけている。

この「ワオ！」という反応を得るのは難しいが、継続的に得るのはもっと難しい。状況が悪ければさらに難しくなるし、すばらしい実績も予測がつくようになれば、「ワオ！」は「だから？」に変わってしまう。

抜きんでた顧客の経験価値をつくるのは、追いかける会社ではなく、先頭を走りながらバーを上げ続けて挑む会社だ。

今日、わたしたちはコモディティ化した商品に埋もれて生きている。新製品は次から次へと出てくるが、そこに大きな違いはない。ブランド間の違いがわからないときもある。

とはいえ、なかにはこの差別化に成功している会社もある。BMWはその1社で「究極のドライビングマシン」というキャッチコピーを掲げ、「BMWといえば、ドライビング経験」と結びつくようにしている。アップルも製品を売るときには、いつもその製品の使用経験を語る。

「ストーリーを伝える」「顧客に極めて個人的な経験をもたらす」「自分は特別だと感じさせる」――そういったモノやサービスは成功する確率が高い。

また、広範囲に及ぶ基盤を持つブランドもある。特定の商品と結びつけるというよりも、舞台の背景として溶けこんでいるようなブランドだ。何でも売っているアマゾンは、その一例といえよう。

ヴァージンも同様だ。その名を冠したビジネスは、鉄道会社、コーラ、携帯電話、航空会社、音楽など多岐にわたる。100パーセントではないが、そんなに手を広げてもブランドが機能するのは、人々がヴァージンに対して、ある種の期待を持っているからだ。

わたしは、数年前まではヴァージン・アメリカを利用したことがなかったが、「快適な旅ができるのではないか」と思っていた。実際に乗ってみたところ、期待どおりだった。そうした経験が得られるのもヴァージンが、顧客の経験を特別なものにしようと常に尽力しているからだ。

リチャード・ブランソンのヴァージン・グループは、扱う商品が何であれ、特別な経験をつくりだすことに長けている。顧客との関係を築くことが、ビジネス成功の核心だと理解している。

だから、顧客を「経験の旅」に誘う。顧客に商品やサービスを買ってもらうのは関係の始まりでしかない。取引は目的地ではなく、長い旅の出発点なのだ。

2011年1月、ブランソンは、ブログに顧客サービスについて次のように綴っている。

「良い顧客サービスを届けるためには、前線で働くスタッフがまわりからサポートを受けられる環境が必要だ。隅々までつなげるチームワークの環。その環の強さは、一番弱い環で決まる。前線の人間をどんなに訓練しても、彼らだけですべてをこなせるようにはならないが、彼らがのびのびと仕事をできるような環境を整えることはできる」

成功への転換点となることが多い24時間サービスの実現には、訓練と判断力が必要だとブランソンはいう。

「それはトップから始めなければならない。トップの人間が理解していなければ、下位にある強い環も危うくなる」

ブランソンは多様な分野でビジネスチャンスを追っている。全財産を1つの戦略にかけるようなことはしない。

「チャンスというのは、バスのようなものだ。必ず次がくる」

ブランソンは自信たっぷりにこう語る。その裏には常に手堅いカードで勝負しているという自負がある。貫かれているのは「顧客に代わって」業界の常識を崩すという姿勢だ。

なぜ、多くの企業はヴァージンが採用しているような、シンプルなサービス基準を理解できないのだろうか。

シアーズやKマートのような、昔ながらの店で買い物するときのことを考えてみてほしい。ほしいものを見つける手助けをしてくれる店員を見つけるのは至難の業だ。

郵便局や免許の更新に出かけたときはどうだろう。長い列に並んだあげく、あなたのことなどみじんも考えていない担当者を相手にすることになる。

最近のオンライン企業は、なかなか担当者に連絡をとらせてくれない。メールアドレスや電話番号など連絡先を明記せず、すべてQ＆Aで対応しようとする。役には立つが、それですべての疑問が解決するものではない。これでは、とても顧客サービスとは呼べないだろう。

航空会社も政府同様、イライラさせられることが多かったが、最近では顧客の経験価値の重要性に気づいた会社も出てきた。たとえば、ニューヨークのラガーディア空港内にあるデルタ航空の新しいターミナルでは、ｉＰａｄ、ＷｉＦｉ、電源が用意された快適な椅子が並び、インターネットを利用したり、そこから席を立つことなく、飲みものや食事をオーダーしたりできる。

こうしたサービスは、競争相手を研究していては思いつかなかっただろう。顧客を研究したからこそたどりついたはずだ。受け身では顧客は獲得できない。顧客に覚えてもらいたいのなら、外に出て顧客のニーズを真剣に調査しなければならない。

顧客に関して、昔からいわれている法則がある。これは今でも有効なようだ。失った顧客1人ぶんの売上を取り戻すためには、5倍から8倍のコストがかかり、顧客1人ぶんの利益を取り戻すためには、10倍から15倍のコストがかかる、というものだ。科学的に根拠のある法則ではないが、顧客プランや顧客指標がいかに重要であるかを示唆している。たとえば、携帯電話会社にとって、もっとも重要な顧客指標は解約率だ。顧客を離さないことがどれほど重要な意味を持つのかは、メトロPCSの例を見ればわかるだろう。

同社はプリペイド式の地域限定の携帯電話会社で、わたしも創業から関わっている。会社は急成長してニューヨーク証券取引所に上場し、その後、Tモバイルに買収された。CEOのロジャー・リンキストは、メトロPCSを設立する前から、この業界をよく知っていて、コストをかけずに顧客を獲得する方法を思いついた。

電話の購入時に、ベライゾンやAT&Tなどの大手では通常つける2年間の契約をつけなかったのだ。

価格に敏感な顧客にとって、これは非常に魅力ある内容だった。しかし、このビジネスモデルを機能させるには、解約率を低く抑えなければならない。ロジャーは大手よりも破格に安い価格を維持しながら、満足度の高いサービスを提供することで、低い解約率を実現することに成功した。

顧客の経験価値を中心に据える

顧客に抜きんでた経験を提供しようとする企業が、業界を変える可能性を持っていることは間違いない。

ハワード・シュルツが、スターバックスでつくりあげたものを考えてもらいたい。彼は喫茶店の概念を根本から変えた。

「おいしいコーヒーとともに、効率的なサービスを提供したい」という彼の熱意は、本当にすばらしい。従業員はプロフェッショナルだが、親しみやすいサービスを提供できるように教育されており、イキイキと楽しそうに働いている。顧客はそこで受け取るものに満足しているので、値段が少々高くても喜んで払う。

シュルツの築きあげた文化は、すべて顧客を中心に成り立っている。これこそスターバックスが成功している秘密であり、多くの起業家が学ぶべきことだ。

アップルは、顧客の経験価値を最大化することにかけては、先頭を走り続けている。デザインにイノベーションを起こし、コンピュータをたんなる計算機からメディアやコミュニケーションのツールに変え、テクノロジーを買うという体験を個人的なものにし、アップル・ストア内では、ジーニアスバーのようなすばらしいサービスを提供してきた。

また、顧客をパートナーとして製品デザインの世界に引きこんだ。外部の開発者がアップストア用のアプリをつくるという画期的なアプローチを採用したのである。

これにより、アップルは市場で優位な地位を獲得した。そして、多くのプラットフォーム・ベンダーがこの動きについていこうとしのぎを削っている。

移り変わりの激しい市場において、企業は外部のプレーヤーを巻きこむことで、顧客が想像もしなかったような製品やサービスを投入できるようになったのだ。

iPhone3Gが登場したとき、アップルは「3Gが使えるようになりました。写真も2Gより快適に送れます」とはいわなかった。

「3Gを使ってエンド・ツー・エンドのシステム、アップストアが利用できるようになります」といったのだ。実際、3Gを利用して、これまでに10億を超えるアプリがダウンロードされている。

また、アップルは開発者がオブジェクトを取得し、修正し、まとめることができるように、簡単なツールも提供している。おかげでイノベーターたちは、費用をかけずにユニークなアプリをつくることができるようになった。ｉＰｈｏｎｅのトップ画面に並ぶアプリをつくることも夢ではなくなったのだ。

アプリ制作を通じて、起業家に必要な才能を磨くこともできるだろうから、ここから未来のイノベーターも生まれるのではないだろうか。アップストアの開発者として認定されるのは簡単なことではない。妥協のない高い水準をクリアすることが、常に求められているからだ。


わたしは価格破壊を支持しているが、希少な顧客経験をプレミアムな価格で提供して成功している企業もある。アップルはその最たる例だろう。

２０１４年６月に開催されたワールドワイド・デベロッパーズ・カンファレンス（アップルが毎年おこなっている開発者向けのイベント）で、アップルはｉＰｈｏｎｅ、ｉＰａｄ、マックブックエアなど、複数のアップル製品を持つユーザーがより良い顧客経験を享受できるようにバーをさらに上げた。

これで統合化がすすみ、複数のデバイスを持つユーザーは、アップルの生態系のなかでより移動しやすくなるだろう。２０１４年の後半には、再びバーが上げられた。次世代のｉＰｈｏｎｅ６とｉＯＳ８の発売が発表されたのだ。サファイアガラスが採用され、解像度の上がった画面は大型化し、厚さは薄くなり、バッテリーの持続時間は伸びるという。どれも漸進的な改善だが、プレミアム価格に見合ったものを期待するユーザーにとっては重要なポイントだ。

２０１３年、ウォール・ストリート・ジャーナル紙は「アップストアの売上が２５０億ドルに」という見出しをつけた。

「アップルがアプリブームに火をつけてから5年、業界は絶好調だ。アップルとグーグルが運営するストアは、今では70万を超える数のアプリをそろえている。消費者はさまざまなアプリをダウンロードし、1日平均2時間は利用しているとみられている」

こうしてアプリはビジネスの発展に欠かせない土台となり、ベンチャービジネスの中核となった。そこには大勢の若い起業家がいる。同紙はこう付け加えている。

「アプリを開発する会社のなかには、現在の主な収入源である広告とアプリ内課金のほかに、新たな収入源を求めて動いているところもある」

デニス・ラトナーは「ヘアカッテリー」という美容室をチェーン展開している起業家で、わたしの友人でもある。

ラトナーの会社は、1974年にスタイリスト2人で1店舗からスタートした。共同創業者で元妻でもあるアン・ラトナーとともに築きあげたサロンは、アメリカにある非公開の美容室チェーンのなかでもっとも大きなチェーンとなった。

5000ドルの資金を元手に、食事をしながらナプキンに書きつけた経営プランをもとに始めた会社が、今では16州に900店舗を展開し、1万2000人のスタイリストを雇っている。

最近デニスと話をする機会があった。彼は大学に行かずにヘアスタイリストになるための学校に行ったこと、従業員にとって最高の仕事場をつくりたいこと、トレーニングに力を入れているのは、顧客に満足してもらうためであることなどについてイキイキと語ってくれた。さらに、グループ内に説明責任の文化を築いたこと、それが従業員にも顧客にも好評であることも話してくれた。

その努力は物質的には報われたように見える。デニスはヴァージニア、コロラドのアスペン、フロリダのパームビーチに家を持ち、個人のジェット機で移動している。

だが、ビジネスの目的は富を築くことではない。心から満足感を覚えるのは、顧客にとって重要な何かをつくりだしたとき、そして、自分が最高のパフォーマンスをあげたときだとデニスはいう。

これまでに何度か述べているように、成功は正しい質問をできるかどうかにかかっている。ほかにはない顧客の経験価値をつくりだすことに勝るものはない。

そのためには、ビジネスを始めるときだけではなく、その後も一貫して問いかけることだ。特に顧客経験そのもの、あるいはそれに対する認識を変えたり、壊したりするときには、厳しく問いかける必要がある。

目先の小銭に囚われずに、顧客が中心になっている世の中をよく見ることだ。


リンクエクスチェンジを共同で創業し、現在はザッポスのCEOを務めるトニー・シェイはいう。

「ビジョンを追いかけることだ。金ではなく。金はあとからついてくる」

わたしはアップルに入って、スティーブ・ジョブズとビル・ゲイツと何度も話をした。驚くかもしれないが、わたしたちは一度も金の話をしたことがない。当時交わされた会話はすべて、アイデアや製品、協力体制に関するものだった。

ジョブズはいつもユーザーの経験をどうデザインするかにこだわっていたし、実利的な適応型イノベーターであるゲイツは、Macユーザーの拡大のために、マイクロソフトのソフトウエアをどうすれば良いかを考えていた。

数十年前の会話だが、今でも鮮明に覚えている。

わたしはこの2人より明確な目的を持つ人間には、いまだに会ったことがない。2人ともすばらしい才能を持ち、理路整然とものごとを考え、自分の考えには絶対的な自信を持ち、一歩も引かずに相手を説得する。

議論が激しくなってくると、ゲイツは椅子を前後に揺らしながら話し、ジョブズは部屋のなかを歩き回り、しきりに手を動かしながら自分の意見を主張する。

ゲイツは、ＭａｃＯＳのライセンス供与を求めたが、ジョブズは絶対にそんなことはしないと言い張った。経験の質に妥協したくなかったからだ。ジョブズは「自分のアイデアを盗んだ」としてよくゲイツを非難したが、そのたびにゲイツは「もともとはゼロックスのパロアルト研究所のアイデアをジョブズが拝借したものじゃないか」と言い返した。

ジョブズには、マイクロソフトのマルチプラン（表計算ソフト）が必要だった。一方ゲイツは、パロアルト研究所の高コストの発明を一般の人が使えるものに変換できたのは、ジョブズが世界最高のシステム・デザイナーだからということをよくわかっていた。

振り返ってみればシリコンバレーも様変わりした。今では金融関係者が力を持っていて、彼らにとっては金がすべてだ。しかし、昔は金のことは二の次だった。今でも若い起業家が高い志を掲げて、顧客のことを真剣に考えているのを見ると、うれしい気分になる。

顧客の経験価値に重きを置く企業をもう少し紹介しよう。

シリアル・アントレプレナーのジュリー・ウェインライトが設立したザ・リアルリアル

という会社で、中古の高級品をオンラインで扱っている。設立したのは2008年の金融危機のあとで、女性用の高級ブランドの洋服やアクセサリーを手頃な価格で届けたいと思ったのがきっかけだった。

商品は、たとえば1度か2度しか使っていないような、デザイナーのハンドバッグを委託形式で集めている。ブランド品を求める人に向けて、それらをウェブサイトに掲載する。

アイテムは、状態の良いものだけが集められ、購入者には美しく梱包して届ける。顧客にどれだけ満足してもらえたかを基準に日々の成果を測ることで、ウェインライトは顧客中心の企業文化をつくりあげた。

わずか3年で、売り上げは1億ドルを超えようとしている。今後は扱う商品をメンズファッションや貴金属の分野にも広げていくつもりだという。

ウルフギャング・パックは世界に食の帝国をつくりあげた。そこには高級レストランから、空港や大学でピザを販売するウルフギャング・パック・エクスプレス、アカデミー賞などのイベントにケータリングをおこなう事業まである。

離職率が高いことで知られる業界において、彼の店の従業員は定着率が高い。その秘密を訊いてみたところ、こういう答えが返ってきた。

「うちがやっているのはフードビジネスじゃない。ホスピタリティービジネスだ。すべてのお客様に心に残る時間を過ごしてもらうことを目指している」

さらに続けて、「そのためには最高の食材を使っておいしい料理を出すだけではなく、適切な人材を雇い、客に対して家族だと思って接するよう教育することが大切だ」といった。

ウルフギャングは、朝早く自ら魚市場に行って最高のシーフードを仕入れる。野菜は南カリフォルニアのチノ・ファームから買う。生まれ育ったオーストリアの母の庭でとれた野菜に味が似ているからだという。

もしビバリーヒルズのスパゴに行く機会があれば、ウルフギャング本人に会えるだろう。彼はほぼ毎晩店に出て、各テーブルを回り、話をしたり、一緒に写真に写ったりして客をもてなす。彼の成功の秘密は、1人ひとりの客を自宅に招いた友人のように歓待することにある。


レストランといえば、フロリダにわたしが会長をしているサウス・フロリダPDQというフランチャイズのレストランがある。手掛けているのは、わたしの親しい友人で、アウトバック・ステーキハウスの共同創業者であるティム・ギャノンだ。

事業を始めたのは、同じくアウトバックの創業者であるボブ・バーシャムで、本部はフロリダのタンパにある。7・5ドル程度で食事ができ、「ファスト・カジュアル」と呼ばれる、外食業界のなかでも一番伸びているカテゴリーだ。

ＰＤＱのメニューにはビーフはなく、チキンとサラダしかない。メニューの数は少ないが、使われている食材は新鮮なものばかりだ。実際、残ったものを翌日に使うことはないため、ＰＤＱには冷凍庫がない。ティム・ギャノンは残ったものを、助けを必要としている人に手を差し伸べる非営利団体に提供している。

ティムは味付けにはうるさい（アウトバックの有名な「ブルーミング・オニオン」は彼が考えたメニューだ）。ＰＤＱのメニューはどれもおいしく、その評判はあっという間に広まった。人気の秘密は、進んだテクノロジーと教育の行き届いた人材に支えられた、シンプルに繰り返されるシステムにある。

注文のたびに電光掲示板には緑色と黄色で時間が示される。緑色は2分以内で、黄色は3分近くかかるという意味だ。

ＰＤＱは顧客経験と従業員教育に関しては妥協しない。雨の日には、従業員は客の車まで傘をさして出迎える。時間を知らせる掲示板はテクノロジーを利用したサービスで、傘は古典的なサービスだ。

ティムは毎日ＰＤＱでランチをとる。彼はとにかく良い人で、いつも楽しそうに客と話をしている。従業員は、ティムが細かいところまで目を配っていることを知っているので、客とティムを満足させようと一生懸命に働く。

わたしもPDQは大好きでよくランチに行く。どんなに混雑していようと、客も従業員もみんな笑顔でいる。客の注文はスムーズに通り、すぐにきれいなテーブルが用意される。シンプルにつくられたシステムが自然に流れているように見えるが、実はスティーブ・ジョブズの新製品発表のプレゼンテーションのように、何度もリハーサルを繰り返したうえでできたものだ。

覚えておいてほしいのは、「顧客が繰り返したい」と思う経験をつくりだすためには、最先端の技術と伝統的なものは組み合わせることができるし、理にかなっているのであれば、そうすべきということだ。

2014年7月のUSAトゥデイ紙には次のように書かれている。

「マクドナルドは最低のハンバーガーをつくっている。KFCは最低のチキンを出す。これはコンシューマー・レポート誌の購読者3万2405人にアンケートをとった結果だ。ファストフード業界の経営陣は頭を抱えることだろう」

こうした企業の経営陣は何を考えているのだろう。彼らよりずっと小さなチェーン店のほうがずっとおいしいものをつくっているというのに。

抜きんでた顧客経験を提供して業界を壊そうという動きは、テクノロジーやソーシャル・メディアの業界だけで起きていることではない。レストラン業界のような伝統的な産業のなかでも起きている。

チポトレもそのなかの1社だ。ヘルシーでおいしい食事を出すこのレストラン・チェーンは急成長を続けており、株価収益率は56倍になっている。これはグーグルよりも高い数字だ（グーグルは30倍）。

一方、マクドナルドは18倍だ。ちなみに、マクドナルドは1990年代にチポトレ株を所有していたが、2006年に手を引き、自分のところの（評価の低い）ハンバーガーに注力するようになった。

経験価値マーケティングの威力「ペプシ・チャレンジ」

1970年代、ペプシの成功は部分的なものだった。中西部では売れていたが、市場が急速に成長していた南西部では苦戦していた。実際、テキサス州のサンアントニオでは、コカ・コーラの10分の1ほどしか売れていなかった。人々はコカ・コーラに十分満足していた。ブランドは力強く、味も良い。別のソフトドリンクを試す理由はなかった。

ペプシ・チャレンジは、長年コカ・コーラを飲んできて、ペプシを飲みたいと一度も思ったことがない人が、ペプシを飲んで予想外のおいしさにハッとする表情をとらえようとしたものだ。

銘柄を隠して両方を飲んでもらい、ペプシのほうが「おいしい」と気づいたときの驚きを10秒〜15秒にまとめる。それはマーケティングの挑戦でもあった。

このペプシ・チャレンジに、わたしはハリー・ハーシュたちと一緒に取り組んだ。出演者には本当に飲んでもらい、演出なしで撮影した。

特にうまくいったコマーシャルがある。テキサス州のサンアントニオでおばあちゃんに試したもらったものだ。となりには孫の小さな女の子が座り、おばあちゃんがペプシ・チャレンジを受けるのをじっと見ている。おばあちゃんはいう。

「なんでこんなテストを受けるのかしら？　ペプシなんて一回も飲んだことがないんだよ。いつもコカ・コーラだからね」

女の子は何もいわないが、カメラは女の子がおばあちゃんを興味深げにじっと見つめる表情をアップで映す。

おばあちゃんは、中身がわからないカップの1つをとって一口飲む。それからもう1つのカップを手にし、味見をする。そして、どちらかを選ぶようにいわれ、一方を指す。進行係が「あなたが選んだのは、どちらか知りたいですか？」と尋ねる。

「そうね、知りたいわ」

選んだのがペプシだとわかると、おばあちゃんは驚いて声をあげる。

「信じられない！」

女の子がいう。

「おばあちゃんが選んだの、ペプシだよ！」

おばあちゃんはなおも信じられないようだ。

「人生で一度もペプシを飲んだことがないのに。コカ・コーラじゃなくてペプシを選んだなんて信じられないよ」

おばあちゃんが2つのコーラを試すところをじっと見つめる孫の顔、そして自分がペプシを選んだことに驚くおばあちゃんの表情――この15秒間のやりとりこそ、ペプシ・チャレンジが求めていたシーンだった。

こうしてペプシ対コカ・コーラというコーラ戦争が始まった。当時のペプシは、市場首位のコカ・コーラに対して完全に劣勢だった。そのペプシが、世界でもっとも価値ある商標だと見なされていたコカ・コーラに対して、挑戦状をたたきつけたのである。しかも、どちらの商品が良いか、顧客に純粋に味だけで判定してもらおうというのだ。

ペプシ・チャレンジの成功は、「顧客の意見」というものがいかに力を持っているかを示した。同時に、わたしたちが大きなビジネスチャンスをどうやってつかんだかも物語っている。

サンアントニオの市場で、コカ・コーラに追いつき、追い越したあと、ハリー・ハーシュとジャック・ピンゲルは、テキサス州全体でキャンペーンを展開し始め、やがてアメリカ全土へと広げていった。

ペプシはアメリカのスーパーマーケットでもっとも売れるソフトドリンクとなった。数年後、ニールセンからは、アメリカでもっとも売れている一般消費財と呼ばれた。サンアントニオでわたしたちが始めた経験価値マーケティングには多くの称賛が寄せられた。

ペプシ・チャレンジの成功は、スティーブ・ジョブズの目を引いた。専門家ではない人々のためのコンピュータをつくっていた彼は、自分がつくりだした新たな経験を人々に売りたがっていた。わたしがアップルに雇われた理由はここにある。

経験価値マーケティングをアップルに導入するために雇われたのだ。当時のシリコンバレーにはまだ一般消費者向けの広告はなかった。

初めてMａｃを世に送り出すにあたって、わたしたちは経験価値マーケティングの考え方を軸に、あの有名な「１９８４」というコマーシャルをつくった。抜きんでた顧客経験価値と説得力のある経験価値マーケティングの組み合わせは大きな威力を発揮する。

顧客の経験価値を測る

近年、多くの専門家がわたしと同じことをいうようになってきている。顧客の経験価値を測り、追跡するためにもっとも良い方法は、フレッド・ライクヘルド、ベイン・アンド・カンパニー、サトメトリックスが考案したネット・プロモーター・スコア（NPS）を使うことだ。

このスコアは、その製品を試した人に「究極の質問」をすることで測る。

「この製品（あるいはサービス）を友達や身内に勧めますか？」

この質問がそれで、0～10（0が最低、10が最高）で答えてもらう。

9か10をつけた人は間違いなくその製品を気に入った人で「プロモーター（推奨者）」と見なされる。0～6をつけた人は「デトラクター（非難者）」で、7か8の人は特に強い関心はないとされる。

NPSは単純に「プロモーター」のパーセント数から「デトラクター」のパーセント数を引いて求める。

スコアは会社によって大きくばらつき、理論上はマイナス100パーセントからプラス100パーセントまであり得る。現実には50パーセント以上の数字が出ることは極めてまれで、非常に高い数字と見なされる。

アップル、アマゾン、コストコ、グーグルなどがこのグループに入るだろう。すぐれた顧客の経験価値が消費者によって証明された会社である。

逆に、顧客サービスに問題がある企業のスコアは、マイナス20パーセント以下となる。スコアを大きく改善しなければ、いずれ事業は行き詰まると思われる。

素敵なレストランを発見したときや、映画を観ておもしろかったときのことを考えてみてほしい。おそらく友達にその情報を伝えようとするのではないだろうか。つまり、あなたは「プロモーター」になるということだ。

同様に、新しいレストランに入って嫌な思いをすれば「友達にはあそこは行かないほうが良い」というのではないだろうか。「デトラクター」である。


数千、数百万という「プロモーター」をつくることの威力をよく考えたほうが良い。

成功している会社の多くはこのNPSを定期的に利用している。なかには毎日測っている会社もあるし、レストランや店舗ごとに測っているところもある。

新しいビジネスを始めるときには、コンセプトを実証する段階からNPSを導入することをお勧めしたい。この数字がライバルより劣るようであれば、ビジネスモデルを考え直すべきだ。事業を展開する段階になっても引き続きこの数字を追ったほうが良い。

また、この「究極の質問」にそのレートをつけた理由を自由に書き加えてもらえば、将来に向けてどういう手を打つべきかを考えるうえで貴重なヒントを得られるだろう。顧客視点でどういう点が良くて、どういう点が悪いのか考えることができる。

このスコアを計測するだけで満足してはいけない。ほかの指標とともに組織のなかで定期的に共有することだ。

ほかの指標には、顧客獲得単価、顧客維持率、顧客生涯価値などがある。これらの数字が常に明確になっているということは、顧客を一番重視していることを示している。

わたしの経験からいって、抜きんでた顧客の経験価値を生み出すことはビジネスにおいてもっとも重要な戦略である。顧客に始まり、顧客に終わる。扱っているものが製品であろうとサービスであろうと、満足度の高い顧客の経験価値をつくりだすことだ。

そして、その質を業界の誰にも負けないレベルまで高めよう。

製品やサービスをどうデザインするか、そして、それらをどのように供給するか。さらに製品の販売後、あるいはサービスの提供後に顧客をどのように扱うか。こうした仕事のすべての局面で、顧客の経験価値を支えるよう取り組むべきだ。

顧客満足度が高ければ、まわりに何をいわれようとも、自信を持って製品やサービスを提供できる。

顧客の経験価値を中心に、すべてをデザインしよう。バリューチェーンしかり、採用する人材しかり。そして採用した人材に求める優先順位や、成功したときにどのように報いるかも。こうしたすべてを顧客の経験価値に照らして考えてほしい。

PART 4

成功を導く強力なツールとは？

POWERFUL TOOLS
FOR SUCCESS

4-1

一流の準備をする

「天才は1パーセントのひらめきと99パーセントの努力から生まれる」

――トーマス・エジソン

ビジネスに没頭できる心身を得るには、トップ・アスリートのような厳しさが求められる。幸いなことに、ビジネスの場合、若いほうが有利とは限らない。年齢と経験がプラスになることもある。しかし、成功のために必要なハードワークを乗り切るには、常に心と身体を整えておかなければならない。

わたしはよく食べて、定期的に運動をしている。タバコは喫わず、お酒も飲まない。夜は十分に休むようにしている。だが、1週間に7日間、毎日働いている。

なぜか？　そうしたいからだ。好奇心と情熱に突き動かされ、そうせずにはいられないのだ。それにハードワークは成功のためには欠かせない。弟のアーサーとデイヴィッドも同じようによく働いている。2人ともそうしたいからだ。

もし、それを重荷に感じるようだったら、おそらくあなたは起業家に向いていない。

心身を鍛えて一生懸命に働くことと同じくらい重要なことに、準備がある。

最近、ロサンゼルスで、レイカーズのコービー・ブライアントと食事をしたとき、彼から準備に関しておもしろい話を聞いた。昔、あるトレーナーから「本当に一流のバスケットボール選手になりたかったら、1日1000本のシュートを打て」といわれたという。

「毎日1000本のシュートを打つために、どうすれば良いのか考えながら取り組んだよ。最初は、とてもじゃないけど達成できる数字には思えなかった。そんなことをしている人は見たことも聞いたこともなかった。だけど、最終的には毎日1000本打てるようになったんだ」

全部が入ったわけではないが、とにかく1000本打ったという。

「誰もやったことがないからこそ、目標にした」

システム・デザイナーや適応型イノベーターというのは、だいたい同じような人たちだ。他者をしのぐための1つの方法として、とてつもなく高い目標を設定する。

スティーブ・ジョブズもそうだった。おだてたり、怒ったり、ののしったりとあらゆる手段を駆使して、まわりの人間に本人ができると思わないようなことを実現させていた。しかし、それで良しとせず、さらに高い目標を掲げさせた。

泣かせたり、笑わせたり、疲労困憊まで追い込んだりして、肉体的に無理と思われるような仕事を成し遂げさせていた。そうしてマッキントッシュは誕生した。続くヒット商品も皆同じようにしてできたのだろうと思う。

コービー・ブライアントのような一流選手なら「もうそれほどトレーニングしなくても活躍できるのだろう」と思うかもしれないが、それは違う。

彼は今でも毎日1000本シュートを打っている。若手選手にその話をすると、信じられないといった顔をしていうらしい。

「まさか。どうやって毎日1000本もシュートを打つんだよ?」

もし、世界を変えたい、あるいは革新的なビジネスを立ち上げたいというのなら、一流のアスリートと同じように、高い志を持って準備に十分な時間をかけるべきだ。

コービー・ブライアントは、世界一のバスケットボール選手になるために、必要なことすべてを自分に課すまで満足しないだろう。

同時に、起業家は楽観主義者でなければならない。

トーマス・エジソンは、電球のフィラメントにもっとも適した材料を見つけようとして「1000回失敗したのではなく、適さない材料を1000個発見したのだ」といっている。さらに「待っている間も懸命に取り組む人にすべては訪れる」というほど、精力的に活動していたという。

現代のイノベーターも、目標に向かって走り続けなければならない。ムーンショットを目指す姿勢、目標を実現するまでのロードマップも必要だ。

4-2 正しい質問をする

「会社をダメにする一番の要因は、未来が見えていないことだ」

――ラリー・ペイジ
グーグルの共同創業者、CEO

イノベーションは聞くことから始まる

おそらく伝統的なものへの反抗心から始まったのだと思うが、昔のアップルでは、多くの従業員が自分で自分の肩書きをつけていた。わたしの場合は「チーフ・リスナー兼CEO」。名刺にそう書いていた。

ふざけてそうしたわけではない。CEOの役割のなかで重要な要素だったからだ。「聞くこと」と「決めること」、どちらにも秀でている必要がある。注意深く観察して聞く、というのは身につけなければならない重要なスキルだ。

子どもの頃のわたしは質問ばかりしていた。「なぜ」「なぜ」「どうして」と大人を捕まえては疑問をぶつけていたので、ずいぶんうるさがられたものだ（ロング・アイランドに住んでいたとき、まわりに同じ年頃の子どもがあまりいなかったという事情もあった）。強い好奇心があれば、自然と観察力、聞く力、学ぶ力が身につく。好奇心の先にあるのはたんなる楽しみではなく、戦略的な優位性だ。

物事が明らかになる前に、その可能性が見えるようになるだろう。旺盛な好奇心はわたしたち3兄弟に共通する性質で、3人ともそのおかげでビジネスの世界で成功している。わたしは好奇心を刺激するために、常に情報源に触れるようにしている。朝はたいてい4時半に起きて、Eメールをチェックし、テッククランチやビジネス・インサイダー、リ・コードなどのニュースサイトに目をとおす。

朝は考えたり、重要な文章を書いたりするのにも最適な時間だ。6時になると、スクワーク・ボックスやブルームバーグ・サーベイランスといったニュース番組を観る。ブルームバーグのほうがテクノロジー関連のニュースをより多く扱っているが、どちらもすぐれた番組だ（個人的にどちらの番組にも関わっているので、扱っているニュースを別の視点で見ることができる。ブルームバーグにはよくゲストとして出演している。スクワーク・ボックスにも呼ばれるが、多忙のため、こちらの出演は1、2週間に1回程度としている）。

ビジネスチャンスをいろいろな角度から見たいので、経済やビジネスに関する最新のニュースは逃さないようにしている。ファイナンシャル・タイムズ紙、ウォール・ストリート・ジャーナル紙、ニューヨーク・タイムズ紙、エコノミスト誌には必ず目をとおす。

知りたいテーマによって新聞や雑誌を読み分けたりもする。たとえば、ウォール・ストリート・ジャーナル紙では、グローバル問題より、アメリカの産業、企業、経済状況についての記事をよく読む。

こうして情報をたくさん集めていると、そのときには特に重要と思わないものも多い。しかし、情報が増えて文脈が明らかになることで、あとからその重要性に気づくこともある。だから、ウェブ、Eメール、新聞、雑誌と、レーダーを張りめぐらせている。書籍も拾い読みする。

さらに、わたしには事業ごと、ときには取引ごとに、さまざまなパートナーがいる。こうした人たちや妻のダイアンとは頻繁にアイデアのキャッチボールをする。振り返ってみれば、いつもたくさんのもののなかから取捨選択して生きてきた。

10億ドル規模のビジネスを立ち上げようという人は、好奇心旺盛でなければならない。できるだけ広く網を張って、そのなかから目的を持って選び取ろう。明らかになる前に可能性が見える人に未来は開けている。

わたしが普段おこなっていることを並べれば「好奇心を働かせる」「聞く」「メモを取る」「じっくり考える」「文脈を探す」「つなげる」「協働する」「実行する」となるだろうか。自分のアイデアを試運転するのも好きだ。テレビ番組などでインタビューを受けたり、講演したりするときには、アイデアを試してみることが多い。

10億ドル規模のビジネスを立ち上げる人間に決断力が求められるのは間違いない。しかし、その一方で、描いたビジョンをさまざま角度から何度も検討する慎重さも求められる。ここでも好奇心が必要だ。

・競合相手の動向を偏見のない目で見て正しく把握しているか
・市場は本当に受け入れてくれるか
・10億ドル規模の問題を本当に解決できるのか

好奇心を十分に発揮させることができなければ、調整が必要なときにも、その現実が見えなくなるだろう。好奇心が欠けていたことでどれだけのダメージを受けることになるのか。次に述べる事例で考えてほしい。

正しい質問をする

マイクロソフトの元CEOのスティーブ・バルマーは、マイクロソフトをオラクルやIBMと肩を並べる大企業に仕立てあげた。しかし、そんな彼をもってしても、モバイルのビジネスチャンスを手にすることはできなかった。ウィンドウズ版にこだわったからだ。

パソコンは、一昔前に知識労働者のツールとしてデザインされたものだ。ユーザーは机に向かって利用するので、起動や再起動に時間がかかっても特に困らない。バッテリーの持続時間もあまり重視されない。

モバイルを開発するにあたってマイクロソフトが採用したオペレーション規準は、同社が絶頂にあったPC時代のものだった。マイクロソフトは自らの成功の犠牲となったといえる。

アップルはまったく異なる道を歩んだ。Macのソフトウエアとの互換性を考えることなく、最高のスマートフォンをつくることに特化した。

現在、マイクロソフトの時価総額は約3470億ドルで、対するアップルは5790億ドルとなっている。マイクロソフトの時価総額が過去最高となったのは1999年で、6163億ドルだった。アップルはiPhoneで大きく飛躍し、マイクロソフトは慎重な道を歩んだ。

マイクロソフトの新CEOサティア・ナデラにはまだ会っていないが、彼の最初の決断には驚いた。ウィンドウズ・モバイルのアプリをアンドロイドとiOSでも使えるようにしたのだ。

このたった1つの、歴史に逆行する決断が、それまで聖域とされていたものを崩壊させた。今、サティアは正しい質問をしている。

「マイクロソフトはモバイルで成功するためにどうすべきか」というのがそれだ。

これまでの質問は「ウィンドウズ・モバイルを成功させるためにはどうすれば良いか？」というものだった。

続けてサティアはもう1つの決断を下した。画面サイズが9インチ以下のモバイルならどの機種でも無料でOSを提供するとしたのだ。外部から見れば「もっと早く決断していれば」と思うかもしれない。しかし、優秀なエンジニアが大勢いて、統制のとれた組織であっても、深いところではさまざまな文化やイデオロギーが渦巻いているものだ。

正しい質問をするためには、開かれた心で客観的に見ることが必要だが、従来型のCEOにとってはなかなかハードルが高いようだ。

客観的に事実を捉えることができなければ、社内に深く根差した文化とは戦えない。既存の組織を変えようとする適応型イノベーターにとっては、成否の分かれ目となるかもしれない。

高校生のときに「学ぶ方法」を教えてくれるクラスがあれば良かったのにと思う。もしそんな授業があったら、どういうことを教えてくれるだろうか。

・質問が答えより大切である理由
・メモの取り方
・まわりの生徒と協働する方法
・失敗から学ぶほうが事実を記憶するより重要な理由
・教師はメンターであるという考え方

こんなクラスは昔もなかったし今もない。残念なことだ。正しい質問をするのは簡単なことではない。おそらくそれだけで1冊の本になるだろう。教育を変えるには、試験のあり方を考え直す必要があるかもしれない。わたしが学生だったころには「答え」に重点が置かれており、答えを記憶することで成績が測られた。

今では、小型の電卓からパーソナルコンピュータに、グーグル、ウィキペディアまである。

にもかかわらず、世界中どこの教育システムを見ても、昔と同じように答えを出すことが重視されている。

今の時代、答えはたんなるコモディティにすぎないというのに。将来は、正しい質問をすることを教育の中心に据えるべきだろう。

学校は昔と変わらず、子どもたちに事実を記憶させ、カンニング行為は厳しく罰する。テストのときに生徒が隣の席の生徒と話をすれば、それはカンニングと見なされる。

しかし、社会に出て、同僚と話し合いながら問題に取り組めば協働（コラボレーション）となる。何かがおかしくないだろうか。なぜ、適切な質問を探すことに重点が置かれないのだろうか。

質問さえ正しければ、答えを出す方法はいくらでもある。

もう1つ例をあげてみよう。

スマートフォンのトップブランドだったブラックベリーの取締役会は、ある決断を下した。前CEO、ソーステン・ハインズに、2008年に発表されたブラックベリー・ボールドを新しくする代わりに、Z10の導入を認めたのだ。

このときの状況を振り返ってみよう。アップルのiOSとグーグルのアンドロイドはすでにスマートフォン市場を支配し、同じようなユーザー経験を提供していた。

つまり、iPhoneの使い方を知っていれば、同じような感覚でアンドロイド端末も使えたのだ。使い方が違うといって文句をいう人はいなかった。

アップル、グーグル、サムソンがスマートフォン業界の基本原則を大きく変えたというときに、ブラックベリーの取締役会が下した決断は、まったく新しい高性能なオペレーティング・システム（と彼らが信じた）QNXを導入することだった。

この決断を受けて、経営陣はブラックベリー・ボールドのシンプルな配列のボタンをなくし、使いこなせるようになるまでに数日あるいは数週間かかる、まったく新しい形を採用した。

発売されてみると、あまりにも複雑で使いにくかったため、ユーザーからは落胆の声があがった。アップルとアンドロイドがモバイル業界を塗り替えたあともブラックベリーを使い続け、辛抱強く新製品を待っていた顧客は結局報いられなかった。

こうして間違った質問をしたブラックベリーは、ロイヤリティの高い顧客を失うことになったのである。

ソーステン・ハインズの質問は間違っていた。彼の質問は「iOSやアンドロイドとは違う最新式の第3のオペレーティング・システムをどのように構築するか」というものだった。もしくは「iPhoneやアンドロイド端末とは異なる、もっと良いユーザー経験をつくるにはどうしたら良いか」と問いかけたのだろう。

しかし、本当は、「規制の厳しい業界（金融サービスや法律事務所、あるいは政府関係機関）からセキュリティを高く評価されているブラックベリーを、同じく規制の厳しい、新しい業界（ヘルスケアなど）に拡大するにはどうしたら良いか」と問いかけるべきだったのかもしれない。

ユーザーは、アンドロイドより良いユーザーインターフェイスを望んでいたわけではないのだ。高度なセキュリティが維持されるのであれば、インターフェイスはアンドロイドと同じレベルで良かった。特にＢＹＯＤ（オフィスに自分の端末を持ち込んで業務に使うこと）がスタンダードになっている業界では、そうした要望が強かったはずだ。

新ＣＥＯのジョン・チェンは経験豊かな優秀な人材で、苦境に陥っていたサイベースを立て直し、そののち伝えられるところによれば58億ドルという金額でＳＡＰに売却した実績もあり、その再建手腕は業界では高く評価されている。

このチェンをあと2年早く雇っていればどうなっていただろう？　ＣＥＯに就任以来、チェンは次々と正しい質問をし、決断を下しているようだ。しかし、過去数年間におかした失敗の数々を取り戻す時間はあるだろうか。過剰な人員も足かせとなり、なかなか競争力を発揮できないでいるのが現状だ。

正しい質問は、好奇心を持って粘り強く追及するアプローチの土台となる。

そして、正しい質問をするためには、さまざまな視点から問題を見てその本質をとらえることが必要となる。このさまざまな視点を次のテーマとして見ていこう。

4-3 専門分野を持つ

「マイクロソフトがある町に住んでいると、ひしひしと感じることがある。コーヒーショップのようなローテク業界でも、ナンバーワンの地位は安泰ではないということだ。明日は次の大ヒット商品（ネクスト・ビッグ・シング）を生み出す企業にトップの座を明け渡すことになるかもしれない。他社に先駆けて、次の大ヒット商品を考える姿勢をスターバックスが維持できるように、わたしは常に気を配っている」

——ハワード・D・シュルツ
スターバックスの会長、CEO

専門分野を持つことは成功には欠かせない。マルコム・グラッドウェルはその著書『Outliers』（邦訳『天才！ 成功する人々の法則』）のなかで、1万時間の法則について述べ、例としてビートルズをあげている。

グラッドウェルによれば、何かの分野で専門家になる、あるいは特別なスキルを身につけるためには、1万時間、実際に経験することが必要だという。ビートルズはこの1万時間を、ハンブルグ巡業でリバプールのロックバンドとして、日々演奏に明け暮れることで達成した。

1万時間という数字が本当なのかどうかはわからないが、10億ドル規模のビジネスを実現しようとするならば、その分野について知り尽くしていなければならないということは自信を持っていえる。

一流のビジネス・スクールを優秀な成績で卒業した人というのは、会えばたいていわかる。そういう人たちは、多種多様なケースを題材に、たくさんの業界を分析しながら、学んだことを一般化して身につけているからだ。

卒業したての人の多くは、ビジネスを分析する自分のスキルを過大評価し、本当は身につけなければならない各分野の専門性を過小評価している。なぜ、前線での知識がそれほど重要なのか。

10億ドル規模のビジネスへの道のりの途中には、必ず障害がある。絶体絶命という状況に追い込まれることもあるかもしれない。しかし、事前に防げるものも多い。

その分野の専門知識を持っていれば、早い段階で問題に気づくことができる。アドバイスをくれる人と話をすることもできるだろう。人を入れ替える必要がある、あるいは、新しい機能を追加しなければならないときでも、その分野に精通していれば、すばやく対処できるはずだ。

その業界の専門用語も理解できるようになるだろう。どの業界でも、業界独特の言語がある。そうした言葉を使いこなせずに、間違った言葉を使えば、業界内の人たちから軽んじられることになり、どんなに優秀な人でもその優秀さが意味を持たなくなってしまう。

MITメディア・ラボのマーヴィン・ミンスキー教授は「何事も一方からしか学んでいないうちは理解できない」とよくいっていた。これは熟考に値する見方だ。

企業は、自らの中核をなす強み以外の分野を追求しなければ、成功したとしても、その成功に足をすくわれることになる。**イノベーションというのは、たいてい既存の業界の片隅で発生するものだ。だから、ある特定の分野で成功したとしても、その分野にしか目を向けていなければ不意打ちをくらうことになる。**

起業家は用心深く常に問いかけなければならない。

「自分の芝を荒らす可能性があるのは誰か？　同じような顧客経験を提供する機会を狙っているのは誰か？」

このとき気をつけなければならないのは、相手がまったく違う分野から出てくるかもしれないことだ。技術が進化するにつれ、予想もしなかった分野からの侵入が増えてくるだろう。今のアマゾンを予想した小売業者はどれくらいいただろうか。20年前にオンライン書店としてスタートしたアマゾンは、今では小売業そのものを定義しなおそうとしている。

専門知識は、考えるときの基礎となる。基礎があれば、例外に焦点を当てることで今ある知識を補強できる。

長年の経験から、学ぶということは、玉ねぎの皮をむくことの逆だと思うようになった。皮の1枚1枚を、わたしがすでに持っている情報に重ねていくイメージだ。今では、テクノロジー、金融システム、さまざまな業界の生産から販売までの過程に関する十分な知識があるので、新しい情報を短い時間で学ぶことができる。

これは、数カ国語を話せる人に似たところがあるように思う。2カ国語か3カ国語を話せるようになると、追加の言語習得はどんどんやさしくなっていく。

何か読むときには、全部を頭に入れる必要はない。ある視点を持って読む。それは、自分が知っていることと違うことが書いてないか、という視点だ。つまり、情報をすべて習得しようとするのではなく、違いを探すのである。

専門知識があれば、違いを探すことができる。前回この問題に取り組んだときと何が違うのか、という点に集中するのである。知識の皮を重ねてきた人にしかできないことだ。

このアプローチは、ある分野を一から集中的に学んで専門家になろうという人には取れない。毎日、知識を重ねていくことだ。

一日に重ねる量は、ほんのわずかなときもあるかもしれない。しかし、とにかく毎日繰り返す。数カ月、あるいは数年続ければ、かなり精通できるだろう。着実に増やした知識は大きな武器となる。

たとえば、わたしの場合、8年前まではヘルスケア業界のことをほとんど知らなかった。しかし、この分野について学ぼうと決意してから、この8年間は毎日考えている。8年でヘルスケアの専門家になれたとは思わないが、たくさんのヘルスケア関係者に会って、わたしのほうが知識が豊富だと感じることは多い。

そして、学ぶなかで痛感したこともある。利益団体のロビー活動により、アメリカのヘルスケア業界では理不尽な規制がまかり通ってきたという事実だ。そこでわたしは、ハイテク業界での30年の経験と知識を生かすことにした。

消費者の時代を反映して伸びている、患者が主導権を持つ分野に絞って、投資することにしたのである。わたしのブランディングとマーケティングの経験、テクノロジーとヘルスケアに関する知識が大いに生かせる分野だ。

まわりを見回しても、この3つの業界を経験した人はほとんどいない。これはわたしの大きな強みであり、おかげで優秀な起業家たちと会うことができた。強みを生かせば、ほかの人には思いつかないような業界同士をつなげることもできるかもしれない。

ヘルスケア業界一筋の人とは、まるで違う景色を見ていると思う。細かい知識ではかなわないだろうが、業界を違う角度から見ることができるので、専門家がその視野の狭さゆえに見逃してしまう点を見つけることができるかもしれない。

注目してほしい論点がある。アメリカには最高の医薬品があり、高度な腕を持った医者が大勢いて、1人当たりの医療費では、どの国と比べてもおおむね2倍以上となっている。それなのに、3140万人以上が医療保険に入っていないという事実がある。多額の資金を投じて医療保険制度改革（通称オバマケア）を実施しても、そうなのだ。

なぜこのような状況になっているのだろうか。これからこの疑問に答え、持続可能な医療制度をどのようにつくっていけば良いか、わたしなりの意見を述べたいと思う。8年間この業界を見てきて、着目したのは次の点だ。

1つ目。アメリカでは、医者はおこなった診療に対して報酬を受ける。治療の結果に対してではない。

2つ目。医療費の大部分は人生の最後の数カ月に集中している。これは他国とは異なる点で、アメリカではコストを考えずに、患者を生かしておくことに尽力していることになる。人口の5パーセントが慢性疾患の患者で、複数の病気を持ち、5人以上の専門医にかかっている。こうした患者にかかるコストは、アメリカ全体で年間2兆8000億ドルかかっている医療費の75パーセントを占めている。

3つ目。アメリカの立憲民主主義は、強力な利益団体を生み出した。彼らはきわめて強い影響力を行使している。その結果、製薬会社、労働組合、法廷弁護士、医者、保険会社、公務員、軍そのほかの人々が、医療費を莫大なものにしている。なんとも理不尽な話ではないだろうか。しかも、州によって規則が異なり、非常に複雑な仕組みとなっている。

これらをふまえてアメリカの医療問題をこう考えてみてはどうだろうか。

テクノロジーをインテリジェントなアシスタントとして活用できたら、賢い消費者、すなわち賢い患者は、さまざまなことを自分で決められるようになるのではないか。

たとえば、CMS（アメリカ厚生省に属する公的医療保障制度の運営主体となっている組織）の試算によれば、対面診療の70パーセントはオンラインに置きかえることが可能だという。

アメリカでは肥満が蔓延している。1人あたり20ポンド（約9キロ）、体重を減らすことができれば、年間数十億ドルの医療費を削減できるといわれている。

思い出してほしい。これらの慢性疾患の患者は人口の5パーセントにすぎないのに、医療費の大部分を使っているのだ。もし肥満を減らすことができれば、おそらく2型糖尿病患者を減らすことができるだろう。両者の関連性が強いことはよく知られている。

そして、2型糖尿病を減らすことができれば、睡眠時無呼吸症候群、うっ血性心不全、COPD（慢性閉塞性肺疾患）、高血圧、うつ病などの慢性疾患も減らすことができるだろう。

医療問題を考えるときには、どのように病気に対処するかという視点から、患者を中心にしたエンド・ツー・エンドのシステムのなかで健康と治療をどのように考えるか、という視点に変えていくべきだろう。

どうすれば患者1人ひとりが自分の健康について決断できるようになるのか考えてもらいたい。そうすれば新しい可能性が見えてくるだろう。

ヘルスケア大手が新規分野をつくる

オプタムは、医療保険最大手のユナイテッドヘルス・グループのなかで、380億ドルの売上を計上する。2014年、このオプタムが、25歳のグラント・ヴァースタンディグが設立したオダックス・ヘルス・ソリューションズという新規企業を買収した。

医療保険制度改革により、それまで保険会社の最大の顧客だった雇用主は、自家保険方式に切り替えるようになった。その結果、自家保険方式を採用した雇用主は、従業員の保険リスクを引き受けると同時に、従業員とその家族に新しい健康サービスを提供しなければならなくなった。

オプタムにとっては大きなチャンスだった。ユナイテッドヘルス・グループのＣＦＯのデイヴ・ウィッチマンは、この業界で成功を収めてきた適応型イノベーターの１人だが、彼はこうした雇用主が、従業員のためにより良い健康・医療サービスを提供しようとするところにビジネスチャンスを見いだした。

鍵となるのは従業員が実際に利用するオプタムが、消費者重視のサービスを提供できるかどうかだった。オプタムは、すでにヘルスケアとテクノロジーに高い専門性を持っていたが、ウィッチマンはこれにソーシャル・メディアを組み合わせたいと考えた。

オダックスは家庭の主婦をターゲットに、健康リスクを評価する使い勝手の良いソフトウエアを開発していた。さらに、新しい各種健康サービスや、コミュニティ、健康目標管理システム、データ記録、健康関連のオンラインゲームなども用意した。

ユーザーの評判は上々で、オプタムの傘下に入ってからというもの、オダックスは急速に業績を伸ばしている。

多くの会社が挑戦しては失敗するなかで、なぜオダックスはうまくいっているのだろうか。グラント・ヴァースタンディグは、３つの異なる軸を組み合わせて会社をつくった。

複雑に規制されたヘルスケア業界、ビッグデータ分析を組み込んだソフトウエア、ゲームやソーシャル・メディアに詳しいシリコンバレーの人材だ。

オダックスは顧客のことを最優先に考えており、利用者は健康問題について自分で判断できるようになっている。最近では、心配事、ダイエット、ストレス、運動、禁煙、ドラッグなどについて、オンラインで指導するサービスも提供しており、好評を博している。

わたしはヘルスケア業界に大いに注目している。高い志と、解決しなければならない10億ドル規模の問題があるからだ。適切な専門分野を持っている適応型イノベーターにとっては、最大のチャンスが転がっている業界といえるだろう。


アラン・ケイはアップル・フェロー（アップルの特別研究員）のなかでも、わたしが特に親しくしていた1人だ。幼少時から非凡な才能を発揮し、11歳のときには、難しい問題を出すことで有名だったラジオ番組のクイズ・キッズに出演したという。

また、ゼロックスのパロアルト研究所で、初めてパーソナルコンピュータという概念を提唱し、「ダイナブック」と呼んだ。

当然ながら、1971年の時点でダイナブックを実際に組み立てることができた人はいなかったが、PDP11といった巨大なミニコンピュータに取り組んでいたアランは、スモールトークというオブジェクト指向のプログラミング言語を開発しようとしていた。

アランは「視点というのはＩＱにして80くらいの価値がある」とよくいっていた。これは、前述したマーヴィン・ミンスキーの言葉と同じことをいっている。つまり、「何事も一方からしか学んでいないうちは理解できない」のである。

１９９３年にアップルを離れたあと、わたしはハーバード大学の教育学大学院のハワード・ガードナー教授と知り合った。彼の提唱する多重知能論はすばらしい。

彼によれば、ＩＱというのは人間の知能を測るうえで、あまりにも単純化された方法だという。人間は論理力、洞察力、デザイン力、視覚と手指の協調など、複数の知能を持っており、知能ごとに異なる情報処理がおこなわれるというのが、彼の主張だ。

複数の専門分野を持つことが重要であるように、問題の考え方や情報処理の方法も複数持つことがポイントとなる。すべてを同じ方法でこなしてはいけない。

専門領域を広げることは、チャンスを見つける能力を伸ばすことになる。特に複数の分野がかかわるところに大きな変化の可能性がある。長い時間をかけて追いかけてきた分野があれば、それは強みとなるだろう。

わたしの場合、テクノロジー業界の時代の変化をずっと見てきた。パーソナルコンピュータの時代があり、インターネット、クラウドの時代を経て、今はモビリティの時代になっている。

このようにテクノロジーにもさまざまな文脈がある。情報を有意義に使うためには文脈を理解することが大切だ。また、マーケティングに関していえば、さまざまな消費財のブランド構築にかかわってきた経験を生かすことができる。

つまり、わたしはテクノロジーと消費財の分野に強みがあるといえる。さらにいえば、ハイテクノロジー製品を消費者向けにブランディングすることにかけては、もっと強みを発揮できるだろう。

突きつめれば、特別な情報を収集して利用する経験を積んできたということになるだろうか。簡単にいえば、**複数の専門性は、最先端のテクノロジーよりも価値があるということだ。**

徹底的に分析する

専門分野であっても、ときには補強を迫られることがある。ある分野を根底から変えたいと思うなら、その分野の表面にいてはいけない。深く潜る必要がある。

ある業界の川上から川下まで一気に学ぼうというときには、情報の海に深く潜って徹底的に分析することだ。このとき、その業界の信頼できる専門家に、メンターあるいはパートナーになってもらうと良い。近道を教えてくれたり、もっとも大切な目標に集中させてくれたりするだろう。

正しい質問をするために欠かせない好奇心を携えてのぞめば、きっと楽しい経験になる。目指すのは、ほかの人がすでに受け入れた事実、あるいは異なる文脈で過小評価した事実を検討して、それまで誰も気づかなかった側面を見つけることだ。

専門分野を持つことは起業して成功するためには欠かせない要素だ。100パーセントオリジナルというイノベーションは滅多にない。だからこそ専門分野が重要なのだ。異分野の見識を利用することで、ひらめく瞬間が訪れることがある。だが、1人で複数の専門分野を持つのは簡単なことではない。若い人であれば、特に難しいだろう。

その場合、組織のなかに複数の専門家を抱えることが重要になってくる。次章では「正しい人材をバスに乗せる」ことを考える。

4-4 正しい人材をバスに乗せる

「企業の成長は、正しい人材を引きつける魅力があるかどうかで決まる」

——ジム・コリンズ
経営コンサルタント
『Good to Great（邦訳『ビジョナリー・カンパニー2—飛躍の法則』）の著者

ビジネスを立ち上げることは、最高のチームをつくることにほかならない。適切な人材をバスに乗せ、適切な席に座らせることが重要だ。

ほかのことは妥協しても、チームに入れる人材だけは妥協してはいけない。自分の弱みを認め、それを補強する人を見つけることだ。つまり、自分を補ってくれるチームをつくる。偉大な企業は、偉大なチームがつくる。1人でできることではない。

わたしには単純なあるルールがある。わたしは、自分とは異なる視点を持つ人と仕事をするのが好きだ。ただし、その人たちが人間的に優れていて、仕事への情熱を持ち、粘り強く良い仕事をするという条件付きだ。つまり、わたしは自分が好きな人としか仕事をしない。

チームについて妥協することは「顧客に対して妥協する」ことに等しい。これより高くつく間違いはないだろう。**戦略を実行するにあたって、ふさわしいチームを持たず、間に合わせのチームで未知の世界に踏みこんでも残念な結果を招くだけだ。**

人を雇うときには、自分のクローンを求めてはいけない。事業を進めるうえで必要な人材を組み合わせ、チームをつくる必要がある。もちろん、価値観とビジョンは共有したい。

しかし、**10億ドル規模のビジネスを成功させた例を見回しても、金太郎飴のようなチームをつくった起業家は見当たらない。彼らは皆、補完し合う才能を持った人材をそろえ、それぞれが持つ独特の能力を生かして成功している。**まずは自分の弱みを見据え、それを補うためにどのような能力が必要かを考えることだ。

起業するときには、自分とは違ったタイプの人間が必要だ。そして、その人はあなたより賢いかもしれない。というより、ある分野に関してはあなたより賢いだろう。

わたしは弟のアーサーとデイヴィッドと一緒に仕事をしている。3人ともCEOを経験している。デイヴィッドが一番若いが、人材管理と日々の業務管理に関しては、彼が一番秀でている。

わたしの得意分野はおそらく、アイデアを出すことと、問題やチャンスが目の前にあるときに、体系的に取り組む方法を考え出すことだろう。アーサーは、国際金融の専門家だ。3人のなかではわたしの名前が一番知られていると思うが、人材管理やプロセス管理という重要な仕事をこなしてくれているのはデイヴィッドだ。

わたしは適応型イノベーターでアイデアを出す。デイヴィッドも同じく起業家の資質を備えているが、彼には実際に業務を推進する才能と忍耐力がある。それぞれ持っているスキルは異なるが、いずれも成功のためには重要なものだ。

スカリー兄弟についてもう1つ。わたしたちは、いつも成し遂げることを目指す。つまらないケンカをして時間を無駄にしない。

わたしたちは慎み深さを美徳とする家庭で育った。ペプシのバイス・プレジデントに昇進したときには、喜び勇んで帰り、家に入るなり母に報告した。母の返事は「そう、それは良かったわね。ちょっと、そのゴミを出してきてくれる?」だった。3人ともロナルド・レーガンやハリー・トルーマンの「名声を気にしなければ、偉業を達成できる」という趣旨の言葉を気に入っている。

必要な仕事に集中し、適材をそろえることだ。

起業するときには1人ではなく、2人でというケースも多い。ハイテク業界の成功例を見ても、共同で起業された会社は少なくない。

なぜか？　それは2人の得意とする分野が違う、あるいは得意分野は同じでも、その分野のなかで、さらに細分化された部分で得手不得手があるからだ。つまり、互いに補完し合えるのである。実際、そういうケースは多い。

また2人いれば、互いの考えをぶつけ合うこともできる。共同創業は2人のこともあるし、3人ということもある。会社は1人で立ち上げるものではない。共同創業者のうちの誰かが、事業内容を決め、ビジョンやミッションをつくり、人々を鼓舞する役割を担うことになるだろう。

そして、別の創業者がそれを実行する。起業するときには、最低でもこの2つの側面を分担する必要があるだろう。

シリコンバレーでもスタートアップの先駆けとなったヒューレット・パッカードは、ビル・ヒューーレットとデイヴィッド・パッカードが、1939年にパロアルトの車庫で創業した会社だ。

ボブ・ノイスとゴードン・ムーアは、インテルをつくった。
ビル・ゲイツとポール・アレンは、マイクロソフトをつくった。
スティーブ・ジョブズとスティーブ・ウォズニアックは、アップルをつくった。
そして、共同起業の慣習は今も続いているようだ。エアビーアンドビーのCEOであるブライアン・チェスキーは、2007年にジョー・ゲビア（現在は最高製品責任者）と、エアビーアンドビーの元になるコンセプトをつくり、2008年に事業を開始する際には、3人目の創業者を仲間に迎え入れた。ネイサン・ブレチャージク、現在の最高技術責任者である。

意見を交換したり、議論を戦わせたり、ときには互いのメンターとなったりすることの利点を認識してほしい。

しかし、たとえ2人で創業したとしても、大きな決断を下すのは1人だ。これには明確な理由がある。イノベーションはコンセンサスでは成し得ないからだ。

誰かが決めなくてはならない。すべての決断が正解である必要はない。革新的な事業を推し進めるときには民主主義は機能しない。特にハイテク業界はその傾向が強い。決定権者は1人。それが、スティーブ・ジョブズの考えだった。わたしもその考えに賛成する。

創造性にあふれたチーム内では、自由にのびのびと仕事ができるものだ。わたしがアップルにいたときに最高のマネジャーだと思ったのは、デル・ヨーカムだ。フォード・モーターとコントロール・データを経て、デルは1979年にアップルに加わり、わたしがCEOを務めていた1980年代の終わりにはアップル初のCOO（最高業務執行責任者）となった。入社して10年でアップルを離れ、そののちは、オレゴン州のテクトロニクスで手腕を振るい、見事に事業を立て直している。

会社を創業したCEOが、ビジョンを描く能力と、細かいところまで目を配りながら管理する能力の両方を備えていることは珍しくない。実際、描いたビジョンを実現するためには、エネルギーと柔軟性を持って、両方の能力を切り替えながら発揮することが求められる。

とはいえ、創業者が細部にまで入り込んでしまうことはよくあることだ。グーグルのラリー・ペイジはルールを決めている。

「付加価値を提供できるのでなければ口を挟まない。担当者にまかせて、その間、別のことをするほうが良い」というのもその1つだ。

グーグルといえば、著名なコラムニストのトーマス・フリードマンは、2014年2月に『グーグルに入社するには』という記事をニューヨーク・タイムズ紙に寄稿している。そのなかで、ニューヨーク・タイムズ紙のアダム・ブライアント記者が、グーグルのシニア・バイス・プレジデントで人事を担当しているラズロ・ボックにインタビューしたときのことを伝えている。

ボックによれば、グーグルでは大学に行っていない社員の割合が増えているという。学位と仕事の実績の間に相関関係がないことを学んだからだ。グーグルが求めるのは、グループのなかで機能する人材だ。必要なのは、リーダーシップ、謙虚さ、協調性、適応力、どこまでも学ぶ意欲といったソフトスキルである。

最近の成功企業には、さまざまな専門分野を持った人が集まって、協力しながら仕事を進めることができるプロジェクトチームに多くの権限を委譲する傾向がある。バスに適切な人材を乗せようとするときには、グーグルが求めるようなスキルの有無を検討すると良いだろう。


10億ドル規模のビジネスをつくろうとするときには、ステージごとに、どのような人材を必要とするのかを意識したほうが良い。

適切な人材をバスに乗せたら、次に正しい席についてもらうことを考える。覚えておきたいのは、正しい席というのは、会社が成長するにしたがって変わるということだ。

人材をリクルートするときには、貴重な紹介元を見逃してはいけない。最近は、従業員からの紹介で人材を採用するケースが増えている。従業員のネットワークを利用して探せば、同じような価値観や目標を持った人を見つけやすい。ただし、金太郎飴状態にならないように気をつける必要はある。

最後に、組織の階層は浅くしておくことをお勧めする。第一線で顧客と接する、プログラミングをする、研究所で製品をつくる――。こうした現場のスタッフと経営のトップは、できるだけ距離を近くしておいたほうが良い。

年齢は強みである

最高のワインは古いボトルのなかで熟成するものだ。イノベーションや起業家精神を若い人たちのものだと思う人は多いが、それは間違っている。映画『ソーシャル・ネットワーク』はミレニアル世代に受けたようだが、あの映画は、イノベーションの多くを生み出している年齢層の真実を伝えていない。

イノベーションを目指してリスクを厭わない起業家の年齢は、徐々に上がっている。カウフマン財団のデータによれば、アメリカの起業家の年齢分布を見ると、55歳～64歳までの層が一番厚く、55歳以上の起業家の成功事例は、20歳～34歳までの起業家に比べるとほぼ倍の数になる。

さらに1996年以降、ほとんどの年齢層で起業する人が増えているのに、35歳以下では減っているという。

ニューリパブリック誌のノーム・シーバーは記事のなかで「年齢が上の層も、下の層と同じように〝破壊的〟であることは昔から変わらない」と述べている。

インターネット・アプリケーションの開発者の平均年齢は34歳だという。そして、「誰もきちんと説明できないが、高度な訓練を受け、才能も野心もあるのに社会の隅に追いやられる人が増えているのが今の世の中だ」と見ている。

自ら起業する、あるいは起業するバスに乗りこむことができる、経験豊かな人材はたくさんいるのだ。

新しい人材ビジネス

10億ドル規模のビジネスに成長するかもしれないベンチャー企業がある。人材サービス業を営むこの会社が生まれるきっかけとなったのは、不動産業界に出現したイノベーションだった。

ジロ―は、オンラインで不動産の物件情報を提供している。ジローを利用すれば、一般客もプロも、近隣の取引事例にもとづいた詳細な物件情報をすばやく入手できる。ジローは不動産業界を根底から変えた。
２００２年、ファスト・カンパニー誌の寄稿編集者のダニエル・ピンクは『Free Agent Nation（邦訳『フリーエージェント社会の到来—「雇われない生き方」は何を変えるか』）を出版し、フリーで働く人が増える社会について論じた。「フリーエージェントは、もはやプロスポーツ選手だけのものではない」と考えたのだ。10年前でさえ、フリーで働く人は２５００万人いた。しかし、このマイクロビジネスの世界に、効率よく需要と供給を結びつけるシステムがこれまではなかった。

ジローが不動産を対象につくったシステムが、なぜフリーで働く人のためにないのか。そこでジョー・ムサッキオ（わたしがメンターをしている起業家の1人で、友人でもある）は、ピープル・ティッカーという新しい会社を立ち上げ、人材情報を提供する無料のオンラインサービスをつくった。ジローの人材版だと思ってほしい。

対象としたのは、プロジェクト単位で仕事をしたいと思っている能力や経験を備えた人たちだ。これはフリーエージェント社会のほんの一角でしかないが、それでも重要な部分であることには違いない。

アメリカ全土で該当する人は、２００５年には１０３０万人いた。２０１３年には、１７００万人が請負契約で働いている。

2013年のフォーブス誌の記事によれば、それはすでに国内の労働力の3分の1にあたり、2019年には正社員として働く人の数を上回る見込みだ。かつては正社員へのつなぎとして見られていた勤務形態だが、今ではキャリアの選択肢の1つになりつつある。このトレンドの行方に注目してほしい。重要性は増していくはずだ。

ジョーのところには2億件の仕事が登録されており、その人の経験やスキルに応じた報酬額を、アメリカ国内のどの町であっても提示することができる。高度なスキルと経験を持つ人のなかには、独立して請負という形で働きたいと思う人も多い。

そういう人は、フルタイムの正社員よりも、プロジェクトベースでの仕事を求める。こうした人たちがアメリカでは増えており、状況に応じて柔軟に働くキャリアを生み出している。

ピープル・ティッカーの登録者の多くは、ピーター・ドラッカーが知識労働者と呼んだ人たちだ。1980年代〜1990年代にかけて、グローバル化時代の世界経済を牽引した人たちである。

企業再編、バーチャル化、外注化、クラウド・コンピューティング、スマートロボット、予測分析といった時代の流れの犠牲になった人もいるだろうし、プロジェクト単位で、主に在宅で働く生き方を選んだ人もいるだろう。

ピープル・ティッカーはフリーエージェント社会における人材の株式市場だ。今後ますますの進化を期待でき、10億ドル規模のビジネスに発展する可能性を秘めている。また、テクノロジーの発展によって大きく変化した世界に対応した好例でもある。

正しい人材をバスに乗せることはビジネスを成功させるためには欠かせない要素だ。しかし、時間が経てば目的地が変わるかもしれない。バスのなかで座席を移動せざるを得なくなることもあるだろう。あるいは、初期のメンバーが会社の成長に適応できなくなるケースも考えられる。

こうしたときには、異業界から新しい人材を雇うなど、難しい決断を下すことになるかもしれない。だが、事業の発展のためには避けて通れないだろう。

4-5
ズーミング

「洗練を突き詰めるとシンプルになる」
——スティーブ・ジョブズ

適応型イノベーターであれば、これから述べる「ズーミング」という方法がいかに有効であるかわかってもらえると思う。

アップルにいたとき、スティーブ・ジョブズと毎日のように散歩に出かけた。新しいアイデアを熟考しているか、すでにある程度まで考えたアイデアの問題点を打開しようとするとき、ジョブズはよく「ジョン、ちょっと歩こう」と誘ってきた。

わたしたちはクパチーノのアップルの敷地を歩き回り、ジョブズの好きなとレストラン、ザ・グッド・アースにたどりつくこともあった。ときには、スタンフォード大学の美しいキャンパスまで歩いた。週末には、ウィンディ・ヒルに登り、スカイライン・ブールヴァードに続く開けた場所で、シリコンバレーから太平洋までを眺めた。

一緒に歩きながら、わたしはジョブズから、本人が「ズーミング」と呼んだ思考方法を学んだ。

最初は「ズームアウト」して、いろいろな角度から全体像を見る。リード・カレッジ時代に夢中になったカリグラフィーへの興味を土台に、このズームアウトが最高の威力を発揮したときがある。

アップルⅡが発表されてから数年後、ウォズとジョブズ、そしてエンジニアのジェフ・ラスキンは、ゼロックスのパロアルト研究所を訪ねた。

この運命の日、研究所のコンピュータ科学者のラリー・テスラーは、彼らにスター・ワークステーションや、グラフィックベースのプロトタイプであるアルトを見せた。このプロトタイプに値段をつけるとすれば、1台2万5000ドルくらいになっただろう。システム全体でそろえれば、さらに高価なものとなったはずだ。

アップルに戻ったジョブズは興奮していた。未来が見えたからだ。だが、それはパロアルト研究所の科学者たちが描いていた未来とは別物だった。ジョブズはグラフィックベースのパーソナルコンピュータを、世界初の簡単に使えるメディア・マシンとして、アップルⅡと同程度の価格（２５００ドル）でつくりたいと考えた。

そのためには、ハッカーとしてのウォズの魔法が必要だった。もし、ウォズがいなければ、ジョブズの描いた未来の実現は10年遅れただろう。１９８４年1月にＭａｃが完成すると、マーケティング・チームは「もっと良い方法が必ずある」をテーマに掲げ、専門家でなくても、簡単に使えるデスクトップ・パブリッシング・システムを持つことの利点を強調した。

10億ドル規模の問題を解決するためのもっと良い方法を見つけだすズーミングは、陰と陽からなり立つ。ジョブズがＭａｃのコンセプトを考えたときのように、ズームアウトして、点と点をつないだ後は、ズームインして簡素化しなければならない。

ジョブズはよくいっていた。

「もっとも難しい決断は、加えることではなく、削ることなんだ」と。

マーク・トゥエインは友人にあてた手紙のなかで、時間がなくて、長い手紙になってしまったことを詫びたという。アップルにいた10年の間、多くの有望な企業が簡素化できずに、いわゆる「フィーチャー・クリープ」（次々と機能が追加されて、結局使いづらいものになること）に陥るところを見た。

フィーチャー・クリープは、どの業界でも見られるが、特にハイテク業界では犠牲者が多い。ソニーの共同創業者の盛田昭夫は、ウォークマンというシンプルですばらしい製品を世に送りだしたが、その彼が亡くなった後のソニーは道を見失い、これといって特徴はないが、機能だけはたくさんついた製品を大量につくりだしている。ソニーマジックは消えたようだ。

年月を経て、1980年代初めの盛田時代のソニーを崇拝していたジョブズは、ウォークマンに続く製品を開発した。iPodとiTunesだ。音楽のダウンロードとサービスを組み合わせた完全なエンド・ツー・エンドのシステムだった。

もし、盛田昭夫が生きていたら、顧客の経験価値を簡素化するうえでのズーミングの威力を理解していただろう。iPodに匹敵するものを開発していたかもしれない。

ズーミングは今日、ますます威力を発揮するようになっている。クラウド、ワイヤレス・センサー、ビッグデータ、モバイル機器というデジタル・テクノロジーに、ネットワーク効果が加わったことで、分野の垣根を越えて点と点を結ぶことが容易になり、ビジネスチャンスを見つけやすくなっているからだ。

わたしのアドバイスは次のとおりだ。

起業するときには、複数の分野に精通したチームをつくる。1人ですべての分野を把握できなくても構わない。しかし、ズームアウトして点を結び、大きな絵を描く能力だけは必ず身につけることだ。

関連するすべての分野の専門家をそろえれば、破壊的でもっと良い方法を描くための専門性とツールの両方を手に入れることができるだろう。

4-6 未来から逆算する

「事業を拡大するには2つの方法がある……強みを生かして拡大する方法が1つ。もう1つは顧客のニーズを知り、たとえ新しいスキルを必要としていても、そこから逆算して取り組む。キンドルは逆算してつくった一例だ」

――ジェフ・ベゾス
アマゾンの創業者、CEO

10倍良い解決を目指す

グーグルの創業者のラリー・ペイジは、従業員に10倍良い解決方法（ライバルよりも10

倍良い製品やサービス）を探すように求めている。これは、現状とりあえず解決している問題であっても、さらに10倍良い解決方法を目指すことを意味する。

この目標は、より良い顧客の経験価値に、ほかの要素を加えて達成されることが多くなるだろう。結果として、破壊的な価格が生まれたり、これまでとは違った方法で製品やサービスが届けられたり、あるいは、もっと安く、もっと手軽で、もっと品質が良く、もっと便利という完璧な代替品が出てくるかもしれない。

グーグルはこの創造的な試みを「ソルブ・フォーX」と呼んでいる。「物理的に可能な範囲で何ができるだろうか」と考えるのである。そして、こうした劇的な変化を起こすものを考えるときには「すぐに実現できるものではない」ということを忘れてはいけない。「もっと良い方法が必ずある」と考えるとき、それが意味するのは、たんに既存のものを改善することではない。ジェフ・ベゾスはアマゾンをつくったことで、10倍の目標を達成した。あらゆる商品やサービスをまったく新しい方法で販売し、届ける仕組みをつくったのだ。

モバイル機器が普及して、データ分析が進み、誰が、いつ、どこで、何を買ったかを把握できるようになるにつれ、実店舗販売とオンライン取引はぶつかり合うようになった。こうした衝突地点から「10倍」を達成する新たなビジネスが誕生するかもしれない。

今後5年以内にそうしたビジネスが生まれることは十分に考えられる。強力なブランド力を持った数十億ドル規模の企業になるだろう。そして、それはシリコンバレーに限らず、世界のどこから生まれても不思議ではない。

グーグルの「ソルブ・フォーX」とラリー・ペイジの10倍を目指す取り組みは、シリコンバレーで生まれたものだが、すでに世界のどこでも取り組めるようになっている。

クラウド、モバイル、センサー、ビックデータといった進んだテクノロジーは、今では誰でも利用でき、そこにネットワーク効果が加われば、あらゆるものと人がつながる。

こうしたなかで10億ドル規模の問題を解決する10倍良い方法を考えることができれば、すぐに会社が生まれる。これは5、6年前には起こり得なかったことだ。

ビジネス・プランは時代遅れ

「どうしてこんなに時間をかけて、翌年のビジネス・プラン（事業計画書）をつくるのだろう」と思ったことはないだろうか。

大量の文書には多くの仮定と分析が記され、詳細まで明らかにされている。一方、昨年の結果は、1ページか2ページで説明されるのが普通だ。その違いは、前者が未知の世界についての仮定から未来を見ているのに対し、後者はすでに起きたことを振り返っている点にある。

通常、経営陣は昔から変わらない見方でプラン作成をとらえている。

「まず、わが社の現状を把握する。そのうえで今取り組んでいることのロードマップをつくって、将来を予測する。そうすれば1年後、2年後、3年後に目指す地点が見えてくるだろう」

こうした計画の作成には数カ月かかることも少なくなく、さらにプレゼンテーションの準備にも時間を割くことになる。それなのに、連結されて公表される財務成績と違って、ビジネス・プランにかかる大量の書類が見直されることはほとんどない。なんという無駄だろう。

もし、適応型企業を目指すのであれば、昔ながらのビジネス・プランではなく、顧客プランに力を注ぐべきだ。

顧客プランとは、「その会社が提供する顧客経験を業界内で最高のものにするために、どのように改善していくか」ということを簡潔に記したものである。

この顧客プランをつくるにあたって利用してもらいたいのが、わたしが実践してきた「逆算プラニング」である。

逆算プラニングのスタート地点は、10倍の目標だ。10倍といっても4年後くらいを目安にすると良い。もしそれ以上先の話になるのであれば、時期尚早ということだ。昔とはスピード感が違うので、ほとんどの新規企業にとって4年というのは十分な時間だ。数年前だったら、5年～7年を見ていただろう。

ジョブズはｉＰｈｏｎｅで写真のありかたを変えたが、それは彼のビジョンが、当時起きていた複数の変化を1つにまとめたから実現したといえる。

２００7年、世界の通信規格はテキストの送受信を中心とした2Gから、写真の送受信にも適した3Gへと変わりつつあった。２００7年以前にも、写真を撮って送ることができる最先端の携帯電話はあった。

そうしたなかでジョブズは、その10年くらい前から音楽機器を中心に進んでいたデジタル化により、電子部品の価格が大幅に下落していることに目をつけた。ジョブズ自身はデジタルカメラも、ＭＰ3プレーヤーも開発していない。ほかの人の発明を利用して、最終的に総取りしたということになる。

当時の彼は、優秀なシステム・デザイナーであり、適応型イノベーターでもあったのだ。

ジョブズはズームアウトして点を結んでみた。そこに見えたのは、モバイル端末で写真を撮る世界だった。撮ったらすぐに見ることができる、3ＧでＭａｃやウィンドウズのパソコンに送ることもできるし、ウェブにアップすることもできる。ＰＣにつないだプリンターで印刷もできる。

さらにiPhoneの撮像能力を利用した新しいアプリもたくさん出てくるだろう。こうして、写真を撮ることは大きく変わった。

今年か来年にスタートする会社のなかから、4年後には10倍の目標を達成し、誰もが知る会社になるところが出てくるかもしれない。 それは次のウーバー、エアビーアンドビー、ワッツアップかもしれないし、あるいは、自社とは異なる分野の企業を買収して、新しいB2Bサービスを確立するヘルスケア企業かもしれない。

セールスフォース・ドットコムのような会社は、専門性を生かしてヘルスケアの分野に参入するチャンスもあると見ているだろう。

逆算プラニングの方法

逆算プラニングは、「実現可能な10倍の目標」と「それを確実に実現する意志」からスタートする。そして、具体的な目標を念頭に考え続けなければならない。

まず4年後のことを考えてから、戻りながら4半期ごとに見ていき、期ごとに達成する項目をリスト化する。4年分の検討が終わったときには、16四半期それぞれのタスクができる。

最初のうちは、現在にたどりつく前にくじけてしまうかもしれない。できあがったとしても、1年目のタスクを見れば、実現不可能に思えるかもしれない。期間内に、現実的にやらなければならないことを落としこむことで、初めてその難易度が目に見えるようになるからだ。

この作業をおこなえば、破壊することの難しさを実感するだろう。パフォーマンスを改善するための計画作成とは、わけが違うことがわかってもらえると思う。まったく異なるフレームで考えなければならないのだ。

適応型イノベーターの真髄はここにある。彼らが重要な位置にいられるのは、枠にとらわれずに考え、ノーではなく、イエスに特化して仕事を進めるからだ。スタートアップ企業が生きのびるためにはなくてはならない人材だ。

すでに成功をおさめた既存企業の場合、適応型イノベーターの役割を担う人がいないかもしれない。いたとしても、適切な専門性を持っていないこともあるだろう。最高の人材を「10倍」を目指すミッションに配置すれば、才能の無駄遣いのように見えるかもしれない。実際には、もっとも有効な人材活用なのだが。

逆算プランニングを利用した顧客プランは、従来のビジネス・プランのように冗長なものである必要はない。記す目標は、明確で簡潔なものにする。

多くの場合、既存のビジネスを根底から覆し、これまでになかった顧客経験を、できれば破格的な価格で提供するといった内容になるだろう。

顧客プランには、現代のテクノロジーを利用したわかりやすいエンド・ツー・エンドのシステムを含めるべきだ。さらに、重要なマイルストーンを記した、わかりやすい4半期ごとのフローチャートもあると良い。ビジョンを実現するために必要なプロジェクトが明確になるにつれ、買収など必要なリソースも明確になってくるだろう。

この逆算プランニングという方法は、クレイトン・クリステンセンのいう「破壊的なイノベーション」を実現しようとする適応型イノベーターにとって、非常に便利なツールだ。**使ってみる価値はある。新たな源から新たな形で成長させることが最終的にできなかったとしても、持続的な成長を支えてくれるはずだ。**

どんなに完璧なプランを立てたとしても、困難にぶつかったり、絶体絶命に陥ることはある。成功を収める起業家であっても、避けられるものではない。もし失敗したらどうするか。実際、わたしも経験したことがある。

そこで次に、そうした場合に方向転換して切り抜ける方法について考えてみたい。

4-7 困難からの方向転換

「リスクを取らない人は年に2回ほど大きな失敗をする。リスクを取る人はやはり年に2回ほど大きな失敗をする」
――ピーター・ドラッガー
経営学者

デイヴィッド・スタインバーグは、ビッグデータ・マーケティングをおこなう会社・ゼータ・インタラクティブのCEOで、わたしの親しい友人でもある。わたしたちは一緒にこの会社を立ち上げた。デイヴィッドは経験豊富なシリアル・アントレプレナーであると同時に、方向転換の名人でもある。

方向転換できることがなぜ重要かといえば、多くの、というよりおそらくほとんどの起業家は「すべてを失うかもしれない」という瀬戸際に、一度は追い込まれるものだからだ。そのときに、彼らは生き残るために路線を調整するか、あるいは事業を定義しなおす必要に迫られる。

わたしたちが最初に立ちあげたときは、XLエデュケーションという会社名で、300の高等教育機関のためにオンライン上で学生を集める、いわゆるリード・ジェネレーション業務をおこなっていた。

最初の数年間は順調で、年間売り上げは7500万ドルに達したが、そこで壁にぶち当たった。デイヴィッドに非はなかったが、学生ローンの負担が重すぎるとして、営利目的の教育機関を攻撃する政治家があらわれたのである。

学生ローンビジネスは一気に雲行きが怪しくなり、デイヴィッドは事業を見直す必要に迫られた。そこで彼は方向を転換した。わたしが、今まで見たなかでもっとも見事な転換だった。

デイヴィッドは、住宅ローン、保険、クレジットカードの利用者をターゲットにした、顧客の獲得業務やマーケティングのためのデータ分析を主幹業務としたのだ。自分の専門分野と強みを、まったく新しい形で生かす道を見つけたといえよう。

しかし、方向転換は簡単ではなかったし、痛みも伴った。

・従業員の70パーセントを解雇した
・この移行のために5000万ドルを調達しなければならなかった
・小規模な会社を4社買収した。そのなかには、バックオフィス業務を請け負うインドの会社もあった

この業務転換を経て、ゼータ・インタラクティブと名前を変えた会社は順調に業績を伸ばしている。デイヴィッドが決めたあざやかな方向転換は、誰にでもできるというものではないが、起業家にはこうした柔軟性や偏見のない広い心が求められる。

ゼータ・インタラクティブは、顧客のライフサイクルを管理するためのビッグデータ分析をおこなっている。3億4000万人ぶんのデータと、インドのハイデラバードに博士号を持った39人のデータ・サイエンティストをそろえ、主に顧客獲得、顧客ロイヤリティ、顧客関係の収益化を扱っている。数年以内にゼータ・インタラクティブの企業価値が10億ドルを超える可能性は十分にあると、わたしは見ている。

実は、デイヴィッドが窮地に陥ったのはこのときが初めてではなく、その前に設立した

インフォニックで大きな教訓を得ている。設立当初は順調だったにもかかわらず、数年で破産を申請することになった経験が、ビジネス・リーダーとしての彼を大きく成長させたようだ。

1999年、彼は携帯電話をオンラインで販売するインフォニックを設立した。最初から順調に業績を伸ばし、数年後には株式を公開し、時価総額は10億ドルを超えるまでになった。しかし、その後、市場の変化に直面し、連邦破産法第11条にもとづいて再建を目指すことになった。

デイヴィッドは、資産の大半を売却しなければならなかった。数カ月前には業界の寵児としてもてはやされていたのに、突然、負け犬扱いされるようになったのだ。

インフォニックは資金繰りに苦しみながらも、常に顧客を大切にし、業務を滞らせることがないように努力した。しかし、集団訴訟は相次いだ。取締役の何人かは辞め、中心となる幹部も去っていった。

人より速く走る人生には、リスクはつきものだ。だが、デイヴィッドは立ち直った。そしてこのとき学んだことが、今日のゼータ・インタラクティブの成功の礎になっている。

ハイテク業界のみならず、スタートアップ時であればどの業界でも、失敗すればジェットコースターのような感情の浮き沈みを経験することになる。だから踏ん張ることを覚えなければならない。デイヴィッド・スタインバーグは、方向転換によって挫折から成功への道を歩んだ起業家の見本といえる。

もう1人、わたしの友人の例を紹介したい。

ダン・ギトルマンはオープンピークを創業したCEOで、アップルがiPadを発売し、市場を席巻したときに、タブレット端末の会社を経営していた。ダンは経験豊かなシリアル・アントレプレナーで、以前にはヒューレット・パッカードに会社を3億ドル以上で売却したこともある。

だからあきらめないということを知っていた。そこで、オープンピークの持つ知的所有権と優秀なチームを生かして、ほかにどのような顧客の問題を解決できるか考えた。数カ月後、答えが出た――オープンピークのソフトウエア技術は、BYOD問題を解決できる。

当時、BYOD（オフィスに自分の端末を持ち込んで業務に使うこと）が広まっていたが、アドレスの指定を間違えることで、セキュリティに問題が生じるかもしれないというリスクを抱えていたのである。

すでに解決策を提示していた会社もあったが、ダンのチームが持つ専門知識を上回る会社はなかった。オープンピークは、1つのモバイル端末に2つの電話番号を持たせる技術を開発し、携帯電話事業者から高く評価されるようになった。それから数年たった現在、オープンピークはAT&TやSAPのほか、世界中の携帯電話事業者と戦略的パートナーシップを結んでいる。

ダン・ギトルマンの経験は、ピンチに陥った適応型イノベーターがとるべき方向転換を示しているといえよう。

最近、レズリー・ブロジェットというすばらしい起業家と話をする機会を得た。ベアエッセンシャルの会長を務めている彼女は、化粧品業界でサクセスストーリーを体現した人物だ。

化粧品業界で実績を積んだレズリーは、1994年、ベアエッセンシャルにCEOとして迎えられた。従業員は7、8人、数店舗で浴用化粧品や美容化粧品などを販売していたが、収益はほとんどゼロという会社だった。1996年には、このままでは生き残れないというところまで追いつめられた。

ここがレズリーの転換点だった。大手化粧品会社で主にメイクアップ製品を扱ってきた彼女は、ベアエッセンシャルもこのカテゴリーに集中すべきだと確信した。そこで、ベアエッセンシャルの製品ラインのなかで、ほとんど知られていなかったパウダーファンデーションにしぼって、その改良に注力した。

さらに、もう1つ新しいことに挑戦した。24時間、テレビショッピング番組を放送するQVCに出演し、自らベアミネラルを紹介したのだ。化粧品といえば、モデルや女優が宣伝するものと思われていた時代だった。

しかし、商品をどのように説明すれば視聴者に伝わるか、彼女にはよくわかっていた。その後、ベアエッセンシャルが急成長をとげたのは、皆さんもご存知のとおりだ。レズリーは２０１０年、会社を17億ドルで資生堂に売却した。すべては、彼女の方向転換から始まったものだ。

方向転換がうまくいった例としてもう1社あげるなら、ネットフリックスだろう。設立当初は、会員に郵送で映画のＤＶＤをレンタルしたり、販売したりしていた。しかし、このビジネスモデルは、ストリーミングの登場により危うくなった。

ネットフリックスは、ビジネスモデルを再構築しようとする会社なら、どこでも経験するような苦労を重ねた。人々のテレビの観方が変わり、好きなときに好きなものを観るという人が増えるなか、株価は３００ドルという高値から２０１２年には53ドルまで下落した。

こうした状況を受けて、ネットフリックスは方向転換をおこない、オンデマンド形式で映画をオンライン配信するビジネスモデルに移行した。

また、『ハウス・オブ・カード　野望の階段』というオリジナルのドラマも制作した。映画やテレビドラマは1カ月8ドル99セントで観放題だ。会員数は、郵送していたときには1000万人ほどだったが、今では4800万人を超えている。2012年に53ドルだった株価は400ドルを超えた。

再建の道は、落ちてきた道を着実にたどるようなものにはならない。何度でもいうが、方向転換は起業家にとって成功するための跳躍台だ。180度の方向転換はほとんどあり得ないので、いつ、どうやって方向転換するかを考えてほしい。

そのためにまずは、自分がリスクと失敗にどのように対処しているかを検証する必要がある。

リスクを管理する

起業家にはリスクを恐れない人が多い。そもそも何かを良くしたい、人と違ったことにチャレンジしたいという行動にはリスクがつきものだからだ。だが、リスクを賢く受けとめることができるかどうかは、また別の話だ。

経験を積むのは1つの方法だ。会社にダメージを与えず、どこまでの変化を受け入れることができるのか。その線引きをできるほどの経験が、あなたにはあるだろうか。ほかの業界、あるいは他社で仕事をした経験がない人はどうすれば良いだろうか。

そういう場合には、常に好奇心を持ってまわりを見るしかない。ライバルが何をしているか注意を払うことだ。あるいは、他業界を見て、同じようなシナリオが自分の業界で起きたらどうなるかを考えるようにしよう。

「他業界で起きたことは自分の業界でも起こり得る」と思うことだ。破壊的な状況になれば損害を被るかもしれないし、まったく新しいチャンスが開けるかもしれない。

リスクはタイミングを計ることで減らすことができる。とはいえ、これは難しい。特に新しい市場を創出しようとするときには難易度が上がる。

タイミングに左右されないようにするためには、スピードや規模をコントロールすることが大切だ。コンセプトを実際に展開する段階に入るまではできるだけ支出を減らし、スリムな組織を維持し、活動もバーチャルにとどめておくほうが良い。タイミングを間違えると、方向転換に追い込まれるかもしれない。

プランBを用意する

大切なのは、必ずプランBを用意することだ。あとがない状況に追い込まれるということは、ビジネスモデルを改良するか、根本から見直す必要があるということだ。

資金的な問題も生じるだろう。しかし、資金調達には最悪な時期となるだろうし、資金調達そのものに労力を取られ、ビジネスモデルの改良がおろそかになりかねない。

あらかじめプランBを用意しておく理由は、ここにある。特にコンセプトを実行に移して一気に広げていこうとする段階はリスクが高く、プランBは必須だ。新しいライバルが参入してきたときにも備えておいたほうが良い。

プランBとは、「ビジネスモデルを立て直すまで、コストを削減し、資金を維持する方策」をいう。現実的なプランBを持つことは、リスクに対する保険になる。

リスクを見誤れば、資本、エネルギー、信頼など多くのものを無駄にすることになる。リスクを正しく解釈するためには、正しい質問をすることが重要だ。前述のとおり、ブラックベリーは、会社が直面している本当のリスクに焦点を当てた質問をすることができず、迷走する事態に陥った。

賭けるときには複数のものに賭けることだ。逆境に対処するときに、シナリオを1つだけ準備していたり、結論は1つしかないと思っていたりするのは避けたほうが良い。幅を持って対処するようにしよう。

左右できるリスクに対しては、知力を結集してのぞむべきだ。多くの場合、それは顧客の経験価値にかかるリスクだ。そのために顧客、店の従業員、ソーシャル・メディアの声には常に耳を傾けて学ぼう。ネガティブなコメントは特に注目したほうが良い。

リスクを減らす最良の方法の1つが、顧客との直接会話だ。まずは先に述べた、ネット・プロモーター・スコアを利用すると良いだろう。もし自社のスコアが落ちたり、ライバルのスコアが急にアップしたようなときは、黄色信号が点っていると思って良い。行く手には危険が待ち受けている。

だが、顧客と面と向かって、あるいは電話で直接話をすることに勝る方法はない。特にリスクが高い期間には、これらのフィードバックは、良いものであろうと悪いものであろうと重要だ。

リスクを消し去る魔法は存在しないが、リスクを抑える、ちょっとした方法はたくさんある。**とはいえ、最小のリスクでも安心できないという人も多いだろう。リスクを覚悟できないのであれば、自分が本当に10億ドル規模のビジネスを立ち上げるのにふさわしい人間かどうか考え直したほうが良い。場合によっては、バスのなかで別の座席を探すほうが良いだろう。**

別の席に移ったからといって、重要な役割を果たせなくなるわけではない。チーム全体が抱えるリスクを減らすためにできることがきっとある。そのバスに乗っている以上、会社の成功に役立つ能力を持っているはずだから。

方向転換ができるようになるためには、準備が必要だ。アスリートは、勝敗を分けるほんのわずかの差を埋めるためにトレーニングに励む。変革を生み出そうとするCEOとチームも同じだ。起業するときに入念な準備は欠かせない。

ジム・ブレイヤーは、何年か連続で世界ナンバー1のベンチャーキャピタリストとして名をはせた人物だ。

その彼がいつもいっているのが、準備の重要性だ。フォーブス誌に語ったところによれば、彼のベンチャーキャピタルが成功できたのは、常に準備を怠らなかったからだという。

スティーブ・ジョブズは新製品の発表会の前には何度もリハーサルをした。細かいところまで気を配りながら繰り返していたのを思い出す。

司会者でコメディアンのビル・マーからは、今でも話術を磨くために、定期的に地方の小さな町で一夜限りの公演をおこなうと聞いた。ニューヨーク・タイムズ紙は2012年に、コメディアンのジェリー・サインフェルドについて次のように書いている。

「2000年以降、サインフェルドはほぼ毎週ステージに立っている。今年は89ステージを予定しており、そのほかの出演と合わせると、だいたい週に2回はパフォーマンスすることになる」

エンターテインメントの世界と類似しているのは偶然ではないだろう。

事業を大きくしようという起業家は、厳しい顔を見せる懐疑的な投資アナリストにコン

セプトを売りこまなくてはならない。事業を運営するスキルだけでなく、事業を説明するスキルも磨いておいたほうが良い。

それでも、準備の大切さを実感するのは、切羽詰った状況のなかで方向転換をするときだろう。起業にリスクと失敗と再建はつきもので、それぞれ密接に絡み合っている。にもかかわらず、適切に対処する方法を理解している人は少ない。次にあげるようなわずかな理解のずれが、大きな阻害要因になっている。

・リスクの大きさを測ろうとするときに、起業家だけではなく多くの人が、現実と想像の世界を区別できていない

・リスクに立ち向かうのに天性の才能は必要ないが、経験やタイミング、情報収集、外部のメンターが重要だということを理解できていない

・**多くの起業家は重要な決断を下すときに「完璧な情報」を求める。しかし、完璧な情報の欠如にこそ、変革と破壊のチャンスがある。熟練の起業家は、不完全な情報を持って前進することを学ぶ**

失敗に対処する

リスクの高いビジネスの世界では、失敗を避けて通る道はない。コンセプトを発展させる過程で失敗はつきものなのだ。そして、失敗がアイデアを微調整するために不可欠なものだとすれば、イノベーションのサイクルのなかで、いつ、どのような失敗をするかが重要となってくる。

リスクの高いビジネスであれば、予期せぬことは必ず起こる。そんなときに失敗が自分の肩に重くのしかかることがあれば、そして、それが誰の目にも明らかであれば、しばらくはショックで立ち直れないかもしれない。

しかし、失敗は世界を変える。わたしはそのことをよく知っている。

わたしの失敗——ニュートン

１９９２年12月、ＩＢＭでパソコン事業の責任者をしていたジム・キャナビーノがお祝いの電話をくれた。Ｍａｃの販売台数がＩＢＭを上回り、世界一になったのだ。

だが、勝利の喜びに浸ってはいられなかった。ムーアの法則どおり、マイクロプロセッサの処理能力は急速に向上し、その頃には、インテルのCPUを搭載したウィンドウズのパソコンが、Macと同じようにアプリケーションを走らせることができるようになっていた。ライバルと一線を画すために早急に手を打たなければならなかった。

社内では、ニュートンというコードネームがつけられた製品に大きな期待が寄せられていた。開発が始まったのは数年前で、チームを率いることになったのは、カリスマ性と才能を備えたジャン・ルイ・ガセーだった。ジョブズがアップルを離れた後、Mac開発のグループを引き継ぎ、マッキントッシュⅡ（1987年）を成功に導いた立役者である。

彼は最初にエンジニアのスティーブ・サコマンを起用し、のちに、アップル最高の技術者の1人であるラリー・テスラーに、ニュートン・プロジェクトを託した。ゼロックスのパロアルト研究所で、ジョブズとウォズを案内した人物だ。

ラリーは、Macのソフトウエア開発で実績をあげたスティーブ・キャップスを、シリコンバレーのニュートン開発チームに起用し、また、同じく優秀なエンジニアのアイク・ナッシを起用して、MIT近くのワン・ケンダル・スクエアに置いたチームの指揮に当たらせた。

マーケティングは、アップル随一のマーケターであるマイケル・チャオに任せた。このように一流の人材を配置したことからも、わたしたちがPDAをどれだけ重視していたかわかってもらえると思う。

ニュートンは、パーソナル・コンピューティングのまったく新しい方向性を示すはずだった。人工知能を搭載した手のひらサイズのデジタル・アシスタントとして、さまざまなことに対処し、最終的にはほかのPDAとワイヤレスでつながる予定だった。

わたしがこれをPDA（パーソナル・デジタル・アシスタント）と命名したのは、ニュートンを、従来の知識労働者のためのツールとはまったく違うものとして認識してもらいたかったからだ。

それは個人の生産性向上ツールではない。第一世代の人工知能を利用した、まさにスマート・アシスタントになるはずだった。形状的には、持ち運び可能な小型のモバイル機器を想定していた。

1993年、ニュートンが発表される4週間前にわたしは首になった。そのため、リリース前の最終テストをこの目で確認できなかった。もしも状況が違っていたら、もっとニュートンにかかわる時間をとっていただろう。そうすれば、ニュートンの手書き認識機能が十分でないことに気づいたはずだ。ニュートンにはキーボードはなく、情報の入力にはタッチペンで手書するしかなかった。

結局、ニュートンは失敗した。漫画家のギャリー・トゥルードーは、ニュートンの手書き認識機能をネタにした漫画を何度も描き、ニュートンと、ニュートンを全面的に推し進めていたわたしはすっかり世間の笑いものとなった。弁解の余地はない。わたしは失敗した。

ニュートンのその後

ニュートンは１９９３年８月に発売された。ネットスケープ・ナビゲーターとワールド・ワイド・ウェブが世に出る1年前だった。アナログ方式の携帯電話が広まる前のことで、デジタル方式の携帯電話にいたっては、ずっと先の話だった。

グーグルやワイヤレスデータの登場までは６年もあった。にもかかわらず、ニュートンは正しい方向を示していた。

ニュートンには低電力な浮動小数点プロセッサが必要だったが、わたしたちがそれを手に入れられたのは、ケンブリッジ大学の物理学者で、エイコーンという会社を設立したハーマン・ハウザーと出会ったからだった。

わたしたちは、ＡＲＭ（Acorn RISC Machine）と呼ばれる携帯端末向けのまったく新しいマイクロプロセッサを開発中だった彼と組んで、ニュートン用のＡＲＭプロセッサの開発に乗り出した。

アップルはＡＲＭ社の43パーセントの株式を取得したが、数年後の１９９６年、ＣＥＯのギル・アメリオが８億ドルで売却するという賢明な決断を下している。ＭａｃＯＳのライセンス供与の影響を乗り越えるため、そして、ジョブズのネクストを買収するために資金が必要だったからだ。

ＡＲＭ社は時価総額２１０億ドルの上場企業にまで成長し、そのマイクロプロセッサはこれまで約２９０億台の端末で使われている。

技術コラムニストとして有名なウォルト・モスバーグは、ウォール・ストリート・ジャーナル紙に寄稿した最後の記事でニュートンに触れ、商業的には失敗したが、自分がハイテク業界で22年にわたって見てきたなかで、もっとも重要な技術イノベーションだったと述べた。

わたしが完全に見誤ったのは、スマートモバイル端末が成功する時期だった。ジョブズがｉＰｈｏｎｅを発表する２００７年まで、まだ15年もあったのだ。


イノベーションのサイクルのなかで、いつ、どのような失敗をするかということは大きな意味を持つ。早い段階で失敗することを学ぶべきだ。コンセプトの実証段階で失敗すれば、事業を拡大する段階で失敗するよりもずっと安くすむからだ。

それを実践するシリアル・アントレプレナーは、起業を重ねるたびに、より容易に資金を調達できるようになる。そのキャリアは平たんであるはずがなく、絶体絶命という状況に追い込まれたこともあるかもしれない。

そんな状況から生還するのは並大抵のことではないだろうが、彼らはそうした経験からリスクを取る時期を学ぶ。シリコンバレーでは、よくこういわれる。

「早く、できれば安く失敗する方法を学ぶことだ。失敗するなら、効率よく失敗する。多額の金を無駄にしない。失敗したときにはそれに気づくこと。失敗から学んで、さっさと次のことに取りかかるべきだ」

シリコンバレーでは、失敗を受け入れることは必須事項としてごく自然に学ぶ。それは微調整でしかない。こうした姿勢を取ったからといって、リスクを恐れることにはならない。むしろ逆だ。

ザ・ノース・フェイスの共同創業者のハップ・クロップは失敗について、次のように語っている。

「創業してまず知るべきことは、自分たちは必ず間違うということ、そして間違ったとしても世界の終わりじゃないということだ。状況を把握し、準備し、つぎ込む投資を制限することでリスクを減らす。それが最初にすることだ。

恐れは失敗につながる。『自分は世界を変えることができる』と心から思うことだ。それを世界に知らしめよう。行く手には予期せぬ問題が待ち構えているだろう。絶対に乗り越えてやるという強い気持ちがない限り、成功への厳しい道のりは歩めない。

予期せぬことにも絶対的な自信を持ってのぞむ。それができるかどうかが、偉大なリーダーと、たんなるマネジャーをわけることになる」

起業家を目指すのであれば、どこかの時点で、必ず大きな失敗をすると肝に銘じておこう。どれだけ才能があっても関係ない。絶対に大きな失敗を経験する。

そして、いざ直面したときには、本能的には逃げたくなるはずだ。誰にも知られたくないと思うだろう。しかし、失敗は認めなくてはならない。周囲の失望も受けとめよう。場合によっては嘲りも。

そして、「しくじった。大失敗だ」といえるようにならなくてはならない。わたしが重要な場面でしくじったと思っている人はたくさんいる。経験からいって、そんなときの気分は最悪だ。

失敗したときには、全体的に見て考えるのではなく、より具体的に考えるようにしよう。そうすれば、失敗から建設的に学ぶことができる。さらに、あなたが責任を負うべき部分と、世間が勝手にいっているだけの的外れな非難を区別できるようにもなるだろう。

わたしがアップルを解雇された理由

1993年までの10年間、わたしはアップルのCEOを務めた。その間に、Macは世界でもっとも売れるパーソナルコンピュータとなった。

銀行には20億ドルの現金があったが、マイクロソフトのウィンドウズやインテルのプラットフォームなど、厳しい競争にさらされていた。

アップル社内では、OSをライセンス供与するかどうかが議論されていた。わたしは反対した。そんなことをすれば、財政的にデス・スパイラルに陥ると考えたからだ。

このときはまったく気づかなかったが、わたしに不信感を募らせた経営陣の一部が、わたしを解雇するよう取締役会に働きかけたらしい。不意打ちをくらい、1993年の四半期決算の結果を理由にアップルを追われた。解雇されるなんて思いもよらなかった。

ライセンス供与によってアップルが揺らぐようになったのは、そののちの歴史が示すとおりだ。わたしが去った後の3年間で2人のCEOが入れ替わり、会社は倒産寸前まで追い込まれた。ジョブズが復帰して最初におこなったのは、ライセンス供与の撤回だった。

少し前に、わたしは60人の起業家を前に講演をおこなった。そのキャリアにおいて、1億ドル〜2億ドルは収益をあげている一流の起業家ばかりだった。

このときわたしが話したなかで一番共感を呼んだのは、失敗の重要性だった。講演後、多くの人がわたしのところに来て、自身の経験を語ってくれた。皆、口をそろえて、大きな失敗をしてつらい思いをしたり、ときには恥ずかしい思いをしたりしたからこそ、人生で最良の判断を下すことができたといった。

失敗が許されるアメリカ社会

ほかの文化のなかで暮らし、失敗したらどうなるか想像してみてもらいたい。たとえば、ドイツ。おそらくあなたはそこで終わりだ。失敗は許されない。新しい仕事を探すべきだろう。ドイツに限らず、失敗は人生の汚点になるという国は多い。

韓国、中国、日本は、高い技能を持った人材を育てる国だが、世界のトップ10に名を連ねるほど自殺率が高く、失敗によって面子を失うことの影響の大きさがうかがえる。

失敗が許容されなければ、多くの優秀な人材でもリスクを取らなくなるだろう。

失敗が許される社会というのは、アメリカ特有の大きな長所だ。

数年前、わたしはインドのムンバイで毎年開かれる、NASSCOM（全国ソフトウエア・サービス企業協会）という業界団体の会議の席で講演をおこなった。このとき、インド人のサクセスストーリーの多くが、アメリカで展開していることに気づいた。

その背景には、高いレベルの教育と訓練を受けたインド人が大挙して、シリコンバレーに移住しているという事情がある。実際のところ、シリコンバレーの企業で、上層部にインド人がいないというところはないだろう。インド情報技術大学で極めて高いレベルの技術教育がおこなわれていることはよく知られている。

シリコンバレーの何が彼らを引きつけるのか。答えは、学ぶ経験と失敗が許される環境にある。失敗はすぐにリサイクルして、次のチャンスを生み出すために使う。この点はいくら強調しても強調しすぎることはない。

方向転換は重要なスキルだ。起業家を目指すのであれば、必ずどこかの時点で、あとがない状況に追い込まれたり、失敗したりするからだ。

鍵となるのは、リスクを管理すること、常にプランBを用意すること、そして失敗から学ぶことだ。最後の項目がもっとも重要だ。失敗は人生で最良の師となるだろう。

4-8

メンターを見つける

「メンターというのは、あなた自身が見えていないことがある、あなたのなかの高潔な部分を見せてくれる人のことをいう」

——オプラ・ウィンフリー

わたしが起業家に一番伝えたいのは、「メンターを見つけろ」ということだ。

なぜ、メンターがそんなに重要なのか。事業を立ちあげるときや再建しようとするとき、あるいは業界のルールを変えようというときには、多くの場合、前例のないことにチャレンジすることになる。

前例がないということは、状況が整わないなかで物事を判断することを意味する。つまり、自らの直感に頼らざるを得ないということだ。

10億ドル規模のビジネスを築きあげる過程というのは、たいてい変化の連続となる。当然ながら、リスクは高くなる。起業前に、チャンスにつながる変化を次々と生み出した経験がある人はあまりいないだろうし、ある分野については専門知識を持っていても、なかには2つの分野に通じている人もいるかもしれないが、創業時に3つ以上の専門性を持っている人は少ないだろう。

取り組もうとするビジネスにまつわる不透明な要素は、すべて検討しなければならない。「時期は早すぎないだろうか」「遅すぎるということはないだろうか」「最初に売り出す製品は品質的に十分だろうか」……。そのほかいろいろ考えられるだろう。

こうした状況のなかでリスクは覚悟するとしても、できるだけ軽減したいと思うなら、信頼できる目をもう一組持つことだ。メンターの役割はそれにつきる。

わたしが助言してきた多くの経営者は、メンターのそうした部分が一番役に立ったというし、わたしも役に立ててうれしく思っている。メンターは、助言するビジネスに関係する専門知識を持っていなければならない。

助言するということは「さあ、がんばってもう一回チャレンジしよう！」と発破をかけることではない。創業者やCEOの判断を助けることにその本質がある。

アップルに入ったときには、「こんなときメンターがいれば」とよく思った。それらしき人はまわりにいなかった。少なくとも知り会いにはいなかった。

Eメールで連絡を取り合う時代ではなく、携帯電話もなければ、ワールド・ワイド・ウェブもなかった。1980年代に入っても、助言してくれそうな人と連絡を取るのは、それほど簡単なことではなかった。

連絡を取り合う関係を維持するのは今よりもずっと難しかったし、メンターという存在も一般的ではなかったからだ。まわりにいる人を差し置いて、誰かに助言を求めようという人はあまりいなかった。

でも今は違う。コミュニケーションや協働のためのツールはたくさんある。電子コミュニケーションを主にして、実際に会っておこなう打ち合わせで補足することもできる。仲間内で連絡を取り合うことは容易になり、いつでも情報を最新の状態にしておくことができるようになった。

メンターは、決断するプロセスに入りこんではいけない。決断は社内でおこなわれるようにすることが大切だ。メンターに決定権があると見なされれば、政治的な動きを助長することになりかねないし、そうした動きは組織をダメにする危険がある。革新的な企業にとっては毒となるだろう。成否を分けるのはそういう些細なことなので注意が必要だ。どんなに優秀な人でも馬鹿なことをするときはある。メンターは、そうした不要なつまずきを避けるよう手助けすることができる。

優良な会社や組織も、信じられないような間違いをおかすことがある。そうした間違いの兆候は、あとから見ればはっきりと見える。次にあげる質問リストは、最近の大企業の失態に焦点を当てたものだ。

・インテルとマイクロソフトはなぜ、モバイル機器の時代が到来するのを見抜けず、アップルとグーグルに未来を譲ったのだろうか
・ゼネラル・モーターズはなぜ、誤った次世代カー（シボレー・ボルト）を開発し、電気自動車の未来をテスラに譲ったのか
・アメリカ政府はなぜ、トラックの燃料を安い液化天然ガスに転換しなかったのか
・保健福祉省はなぜ、医療保険制度改革を調査や技術面で適切に支援しなかったのか

この改革はオバマ大統領の政策の目玉だったにもかかわらず、実施する側は、この新しい保険制度を利用しようとする人が３０００万人いることを予想していなかった

これらはメンターがいれば避けることができた種類の過ちだ。メンターはもう一組の目

として機能するので、道を大きく踏み外しているときには指摘できる。

リーダーが事業を推進することに夢中になり、顧客を中心に考える姿勢を忘れているときなどがそうだ。競争したり、組織をつくったりすることは得意でも、点と点を結ぶのは苦手とする人は多い。特に変化をとらえることを苦手としている人は多いようだ。彼らは同じ事実を見ても、別の可能性を見いだしてしまう。

メンターにはさまざまな役割がある。経験豊かなメンターであれば、事業が安定しないときには、リスクを減らす手伝いができるだろう。

もう一組の目としての役割のほかには、次のような役割がある。

・支持を表明する
・重要な局面で、人脈を使って影響力を発揮する
・人材をリクルートする
・資金調達の助言をおこなう
・CEOの姿勢や成果に気を配り、必要なときにはそれとなくけん制する

メンターは取締役の役割を補完することができる。わたしが取り組むのは、従来のガバナンスの守備範囲外のものばかりだ。だからといって、取締役はメンターになれないとい

うつもりはない。しかし、取締役がメンターになるべきだとも思わない。

すでに述べたように、メンターの役割は、難しい時期でもCEOが先を見通せるように支えることだ。一方、取締役会の役割は儀礼的なものが多く、何かに先んじて行動することはあまりない。主に監査、報酬や方針の決定などをおこなう。形式を無視した形で、メンターの機能を果たすことは受け入れられないところが多い。

メンター制度は。信頼の上に構築する必要がある。助言が機能するのは、メンターとCEOが強い信頼関係で結ばれているときにだけだからだ。

わたしには自分で決めたあるルールがある。「自分が好きだと思う人としか働かない」というものだ。もちろん、逆も同じだ。わたしが助言する人は、わたしのことを好きな人に限る。

なぜそんなことが重要なのか。メンターとCEOは、非常に難しい案件を扱うなかで、情報を頻繁に交換できるレベルの信頼関係が必要だからだ。

わたしが一番力を入れて助言するのは、CEOが窮地に陥り、創造しているのかどうか定かでないという状況に対処しなければならないときだ。彼らは方向転換を覚え、決断しなければならない。ただし、決断が喜ばしいものになるとは限らない。

問題が発生するたびにCEOから細かい説明を受けなくてすむように、メンターはその事業に十分通じていなければならない。近い関係を保ち、定期的に連絡を取って情報をアップデートするべきだ。

2人の間で話題になるのは、CEOが取締役を含めた組織の内外の人には直接話したくないと思うようなことだろう。メンターは前面に立つ必要はない。CEOのリソースの1つとしてひっそりと待機していれば良い。

メンターにもいろいろな人がいて、なかにはメンターの鑑のような人もいる。わたしが知っているなかで最良のメンターは、考えるまでもなく、ビル・キャンベルだ。

1983年、わたしはビルをアップルのマーケティング、および販売担当のバイス・プレジデントとして採用した。当時、ビルはコダックにいたが、彼の経歴で目を引いたのはそこではなく、コロンビア大学のフットボールチームでのコーチ経験だった。

ビルのメンターとしての腕はすばらしく、今ではシリコンバレーで知らないものはいない。ビルを採用したのは、アップルの若いチームには、コーチが必要だと思ったからだ。ジョブズ率いるマッキントッシュの開発チームにいた100人の若者たちの平均年齢は、22歳だったのだ。

ビルはアップルを辞めて、イントゥイットのCEOになり、のちに会長となっているが、ジョブズが復帰したときには、彼の盟友としてアップルに戻り、以降、取締役を務めている。

ビルはジョブズだけではなく、ジェフ・ベゾス、ラリー・ペイジ、エリック・シュミットのメンターとしても知られている。決して前面に出てくるようなことはせず、陰ながら支えるビルの姿勢はメンターの見本だ。

何を議論しようとも、ビルが他言することはない。彼は秘密を守ることを知っている。判断力があり、変革を起こそうとする企業にとって、これ以上は望めないほどの信頼できる目を持っている。

いつも前向きで、厳しさだけでなくユーモアもある。スタンドプレーをすることは決してなく、いつも相手のことを第一に考えて、誠実に接するので全面的に信頼される。仕事に自信を持っているので、非公式な場で厳しいことをいうこともある。

ビル・キャンベル以上のメンターを持った人はいないだろう。ビルは最近、17年務めたアップルの取締役を退任した。トータルで30年以上アップルに貢献したことになる。

メンターは起業家が日々の業務のなかで見逃してしまう危険を見つけることができる。たとえば、次のような耳の痛い問いかけも1つの方法だろう。

・リスクを取りすぎていないか
・手を広げすぎてはいないか
・資金繰りは大丈夫か

メンターは必要なときには起業家やCEOの自信を支える。また、「おい、この状況はもっと深刻に考えたほうがいいぞ」といって、注意を喚起することもあるだろう。

相手が創業者、あるいはCEOであろうと、適応型イノベーターを目指すビジネスマンであろうと、別の視点について検討させるのがメンターの役割だ。

メンターは転機となるような決断は下さないが、影響を与えることはできる。メンターを長年やっていれば、間違うこともたくさんあるだろう（数十年やっているわたしも例外ではない）。

しかし、そこから学んだはずだ。成功したこともあるだろう。そこからも学んだと思う。メンターとしてのあなたには、事業への直接参加は求められていない。だからといって外から相手を応援すれば良いというものでもない。文脈を提供し、CEOが下さなければならない判断に新たな視点を与えることだ。


わたしが6年間メンターを務めているジョン・ダフィという人物がいる。モバイル・マーケティングをおこなう3Cインタラクティブの創業者であり、CEOをしている。

彼は「どの段階で新しい人材を雇うか」、あるいは「どの段階で社内のマネジャーに新しいスキルを身につけてもらうか」ということを常に念頭に置いて事業を進めてきた。

その識別眼には、わたしもほかのビジネスで助けてもらったことがある。コンセプトを実証する段階でチームが必要とするスキルと、展開する段階で必要とするスキルは大きく異なるからだ。ここを見極めることができなければ、強い会社をつくることはできないだろう。

メンターは、有望な企業が立ち直る過程でも貢献できる。わたし自身、経験したことがある。オダックス・ヘルスは、健康を軸にソーシャル・ネットワーキングとゲーミフィケーションを組み合わせた企業だ。

創業者でCEOのグラント・ヴァースタンディグは25歳である。ずいぶん年は離れているが、この2年、いろいろと助言しているうちにわたしたちはすっかり仲良くなった。

オダックスの最初の商品は大失敗だった。が、彼は負けなかった。すぐにより強力なチームをつくり、失敗から学んだことを生かして立て直そうとした。

最初の開発チームにいたのは全員が20代だった。主なターゲットを40代の女性としていたのに、できあがった商品は20代の若者をターゲットしているように見えた。そこでグラントは、経験豊かな人材を集めたチームをつくり、自ら陣頭指揮を執ることにした。

結果は大成功だった。

グラントは、ヘルスケア業界にある多面性を持つ空白を埋めようとしている。ウェブ上を調べた結果、フェイスブックとの連携や、ジンガ（ソーシャルゲーム会社）のゲームや、アマゾンからのおすすめなどを提供する、総合的なサービスがないという結論に達したからだ。

オダックスは最近、業界大手のオプタムにかなりの金額で買収された。

ベビーブーマーへのアドバイス

「メンターになろう！」

わたしは声を大にしてそういいたい。ベビーブーマー世代にはこの先、健康に過ごせる長い余生がある。何かを成し遂げた、経験豊かなリーダーは自らにこう問いかけるべきだ。「メンターをやってみたらどうだろう？」

ゴルフと旅行は、もう十分に楽しんだという同世代の知り合いも見てきた。使わなければ脳は退化するものだ。かといって、一線を退いてから長い年月が経っているのに、いきなり最前線に戻ろうというのは無理がある。

だから、メンターになることを考えみてほしい。早ければ早いほど良い。専門分野であればなお良い。

本書は、わたしが長年の経験から得たことに基づいて、適応型イノベーターと適応型企業が新しい革新的なビジネスを生み出すために取るべき戦略について述べたものだが、わたしが強調したいのは、「メンターを見つけろ」ということだ。

ベビーブーマーのあなたは、すでに十分なビジネス・キャリアを積んだことと思う。かつてないほどの起業のチャンスがあふれる時代に、手助けをしたいとは思わないだろうか。もしそう思うなら、ぜひ若き起業家たちのメンターになってほしい。

PART 5

ムーンショット

MOONSHOT
A SUMMARY AND CONCLUDING REMARKS

5-1
適応型イノベーターの時代

「ボスは1人しかいない。顧客だ。ほかの場所でお金を使うだけで、会長以下の全員を首にすることができる」

——サム・ウォルトン
ウォルマート、サムズ・クラブの創業者

自動化されたインテリジェント・アシスタントとしてのコンピュータの誕生——この現代のムーンショットを背景に、近年、顧客を中心に据えた破壊的なビジネスを成功させる起業家が出てきた。

本書は、そうした革新的なビジネスをつくりあげる方法について述べてきた。そうしたビジネスを立ち上げるには最高の時代である理由についても述べた。

クラウド・コンピューティングとセンサーというすばらしいテクノロジーが、従来のビジネス・プロセスを根底から覆し、破壊的な価格を可能にする環境をつくったからだ。

また、ほかの2つのテクノロジーについても取りあげた。生産者中心の世界から顧客中心の世界に変えたビッグデータとモバイル機器だ。

これら4つのテクノロジーは急速に進化し、ネットワーク効果を生み出した。その結果、世界中の人々は瞬時につながるようになった。歴史を振り返ってみても、このような時代はない。

こうした状況のなかで起きているのが、冒頭で紹介したムーンショットであり、生産者側から賢い顧客の側への経済的な力の移行である。この変化は、急速に進化している4つのデジタル・テクノロジーが起こしたものだ。いずれのテクノロジーも個人に特化したシステムに利用されることで、将来、世界中のあらゆる業界を根底から変えるだろう。

そのなかのクラウド・コンピューティングとモバイル端末には、すでに数十億人というユーザーがいる。近いうちに、数百億個の小型ワイヤレス・センサーは互いに関係する膨大なデータを生み出すようになるはずだ。

それらは次世代の数学アルゴリズムを利用したシステムに取り込まれ、消費者の行動の分析に使われる。瞬時におこなわれる分析によって個人の行動が予測され、わたしたちはその結果をより良い決断に役立てることができるようになる。

こうして顧客は、ますます賢くなっていき、さらなる力を手に入れる。

こうした状況に適応できる企業や起業家は成功する。その担い手となるのが、わたしが「適応型イノベーター」と呼ぶ新しいタイプの起業家たちだ。彼らはすでにさまざまなビジネスを築きあげている。今後も新しいものを生み出し続けるだろう。

また、既存の企業が「適応型企業」として生き残り、勝者となるよう先頭にたって引っ張っていく役割を担うのも適応型イノベーターである。

しかし、こうした新しい企業を最終的にコントロールするのは顧客だ。彼らは数年前だったら手にできなかった情報を入手できるようになった。「最安値で売っているのはどこか」「ユーザー評価はどうか」「友達のお勧めは?」といった情報に瞬時にアクセスでき、しかもスマートフォンで簡単に買える。

情報はこの先も増え続けるだろう。情報が増えるスピードと、それによって顧客が得るパワーの大きさはもう想像の範囲を超えている。

このように一昔前だったら想像もできなかったような顧客経験を生み出す企業(たとえば、手頃な価格ですぐに医療を受けられるサービスを提供する企業)は、大きな成功を収めるだろう。

それができない企業は生き残ることは難しいかもしれない。わたしは生涯を、事業を築くことに捧げてきた。それがわたしのできることだし、わたしが好きなことだからだ。もちろん、リスクはある。良いときもあれば悪いときもある。絶体絶命に追い込まれることもあるだろう。だが、起業するのに今よりいい時代はない。

5-2 適応型イノベーターが知っておきたい6項目

わたしが1983年にアップルに入社したとき、「知識労働者」という言葉はまだ一般的なものではなかった。アップルの広告には、パーソナルコンピュータでできることがわざわざ列挙されていた。皆がパーソナルコンピュータを好奇の目で見ていた時代で、人間の知識労働に役立つものと認識している人は少なかった。

その後、わずか数年でパソコンやＭａｃは、知識労働者の生産性を高めるために必要不可欠な道具となった。

適応型イノベーターの時代というのは時期尚早かもしれない。もちろん、時代に適応しながらイノベーションを起こそうとしている人はたくさんいるが、「適応型イノベーター」という言葉そのものは、クレイトン・クリステンセンの『破壊的イノベーション』のように広く認知されるにはいたっていないからだ。

そもそもなぜ、そのような用語を提唱するのかといえば、理由は1つ。集中するためだ。本当に何かに秀でようとするなら、自分が秀でようとするものが何なのかをはっきりとわかっている必要がある。そして、集中することだ。

以下は、これまで見てきたことのまとめだ。しっかり身につけて役立ててほしい。

1「好奇心を持つ」

楽観的でいよう。適応型イノベーターは可能性があるものに反応し、有望なものに集中する。ただの夢追い人で終わることなく、実行しなければならない。

わたしたち3兄弟は毎日、朝早く起き、エネルギッシュに活動する。世の中で起きていることを常に関心を持って眺め、仕事となれば集中して取り組む。こうした性質は3人とも子どものころから持っていたが、学んで身につけたものでもある。あなたも身につけることができるはずだ。

2「アイデアを展開する」

専門用語は便利なものだ。つい使ってしまう。しかし、アイデアを発展させたいときには、専門用語に頼らず、アイデアの奥底にあるものを明らかにする必要がある。

アイデアには威力がある。それを展開するということは、アイデアのなかに飛びこむことを意味する。ひねってみたり、ひっくり返してみたりして、別の角度から眺めるのだ。深く潜れば潜るほど、考えが深まるだろう。

ただし、アイデアを展開する作業は、最初は反直感的なものに感じるかもしれない。ズームアウトして点を結び、それからズームインしてそぎ落とす、というスティーブ・ジョブズの思考プロセスもそうだった。

アイデアを展開するためには集中力がいる。わたしは毎日いろいろなものを読みながら、展開しようとしているアイデアに関するものはないかと目を光らせている。文脈のないアイデアはたんなるコモディティにすぎない。

学校を優秀な成績で卒業してシリコンバレーに来た若者たちは、すぐに優秀であることには意味がないことに気づく。そして、良いアイデアがありふれたものであることにも。シリコンバレーでは誰もかれもが優秀だし、いいアイデアはいたるところにあるからだ。

では、いいアイデアを持った優秀な人はどうするのか。彼らは本当に価値あるものにするために、いいアイデアの文脈を得ようとする。

文脈は経験から生まれる。挑戦して失敗することが文脈をつくるための経験になる。自分とは違う専門分野を持つ優秀な人たちと一緒に取り組むのも文脈を得る1つの方法だ。

アイデアを展開し、アイデアの力を解き放つためには、こうした取り組みが欠かせない。

3 「学びを重ねる」

映像化して考えてもらいたい。わたしにとって学ぶということは玉ねぎの皮をむくようなものだ。ただし、逆回転にする。皮をむく代わりに、毎日学んだことと新しい情報を貼りつけていくのだ。たいてい貼りつける1枚は、好奇心を刺激したほんの些細なことだ。

わたしはいつもノートを持ち歩いて、あとで確認したいことが出てきたり、誰かとの会話のなかで学ぶことがあったときには、メモを取るようにしている。引用元を明らかにして、良いアイデアを借りることを恐れてはいけない。

4 「もっと良い方法を見つけるまであきらめない」

スティーブ・ジョブズは決して満足しなかった。常にバーを上げ続けた。自分だけではなく、まわりの人間にも対してもそうするように強要し、「もっと良い方法がある。見つけるまであきらめるな」とマントラのように言い続けた。マントラを最初に唱えたのは、ジャン・ルイ・ガセーだった。ジョブズが去った後、マッキントッシュの開発チームを率い、ＭａｃⅡを成功に導いた人物だ。

　このマントラを遂行するのは骨が折れる。去る者もいた。だが、あとに残ったのは最高の人材ばかりだった。想像を絶するスケジュールののちに製品が世に出たときには、当人たちが驚いたほどだった。そして、成し遂げたことは大きな力となった。

5「準備する」

　一流のアスリートは生まれながらの才能を持った人がほとんどだ。しかし、そんな彼らでさえ、毎日、かなりの時間を練習に当てている。

　適応型イノベーターも同じだ。わたしの場合は練習の1つとして、システムの検証をおこなっている。毎日、身の回りの製品やサービスをシステムとして理解しようとするのだ。「人々がその方法でそれをおこなっているのはなぜか」。こう考えていくと、わたしたちが現在、当然のものとして受けとめているシステムには、たんなる偶然か、偶然の積み重ねでできたものが意外に多いことがわかる。

　広く受け入れられている習慣が、どうしてそうなっているのかを検証してみれば、偶然の出来事にたどりつくことも多いはずだ。

そして、頑丈に見えた現行の仕組みが、思ったほど強固なものでないことにも気づくだろう。現状のシステムを打ち破ろうと実際に取り組んでみれば、考えていたときよりも勝率が高いことに気づくかもしれない。

だから、すべてに秀でる必要はないが、自分の守備範囲については技術を磨き、準備を怠らないようにすることだ。目標に出発するときには、できるだけ最良の状態でいたい。

適応型イノベーターにとって、個人に特化した高度なデータシステムは強力な味方となる。ビジョンを実現するために、資源をどう割りふれば良いのかを考えるときに役立つだろう。

とはいえ、そうしたシステムの中身やアルゴリズムについて理解する必要はない。電気ができる仕組みや水の供給の仕組みについて知る必要がないのと同じことだ。その代わり、知識労働者が個人の生産性向上ツールの使い方を学んだように、使い方は習得する必要がある。

6「ビジネス・コンセプトの中心に顧客を置く」

ビジネス・コンセプトは、専門知識を十分に活用して、その業界にはない顧客の経験価値をつくるものでなくてはならない。そのうえで、進化したテクノロジーを利用して破壊的な価格を実現する。そうすれば、あっという間に既存の企業やブランドから市場シェアを奪うことができるだろう。

5-3 革新的なビジネスをつくりあげる10原則

ここまで述べてきたことをふまえ、革新的なビジネスをつくりあげる原則を10項目にまとめた。この10原則は、起業家であれば把握しておいたほうが良いだろう。既存の企業の内部で事業再生にあたる適応型イノベーターであれば必須だ。これらを適用するのは大変だが、近道はない。

原則1「変化を生み出す環境は整っている」

イノベーションは業界の片隅で、その業界の専門と他業界の専門がぶつかり合うことで生まれる。10年前には、根底から覆るような変化を実現させる環境が整っていた業界はほんのわずかしかなかった。

ところが今では、デジタル・テクノロジーの急速な進化により、多くの業界にチャンスがある。たくさんの情報を抱え、より賢くなった顧客が、ネットワーク効果を通じて大きな影響力を持つようになったからだ。

・わたしがペプシコーラにいた時代、マウンテンデューをブランドとして成功させるまでには15年の年月が必要だった。シャオミは中国の携帯端末会社で、2010年に設立された。2012年には700万台、2013年には1800万台を販売し、2014年には6000万台を販売する見込みだ。わずか4年で、時価総額は100億ドルを超えるまでになっている

・タクシー業界自体は成長産業ではないが、ウーバーは顧客の喜ぶ新しいサービスを提供することで急成長を遂げた

・エアビーアンドビーが出てくるまで、自宅に旅行者を泊めることが大きなビジネスになると考える人はいなかった。同社は、自宅を安い価格で旅行者に提供したい人々を組織化することで、従来のホテルより良いサービスを生み出した

・同じような変化を経験しようとしている産業を書き出せば、枚挙にいとまがない

原則2「生き残るためには適応する」

チャールズ・ダーウィンは、進化には適応力が欠かせないと説いた。最近、チャールズ・クラブのインタビューでリード・ホフマンは、「シリコンバレーでは、成功はキャッシュフローではなく、規模で測られる」といった。

ネットワーク効果の表れとして規模を重視し、ネット・プロモーター・スコアといった基準を利用して顧客経験が好意的に受けとめられているか確認すると良いだろう。

原則3「業界内でもっとも解決が望まれる難しい顧客問題に照準を合わせる」

有望なものではなく、可能性があるものに焦点を当てよう。それから10倍良い解決策を想像する。

今の段階では現実的でないとしても構わない。間違っていても良いから想像力を働かせよう。そして、多くのチャンスにチャレンジする。あなたがやらなければ、ほかの誰かがやるだけだ。

原則4「失敗を利用する方法を学ぶ」

トーマス・エジソンは、電球のフィラメントにもっとも適した材料を見つけたとき、「適さない材料を1000個発見しなければならなかった」と言った。

創造に失敗はつきものだ。幸いなことに、アメリカには失敗を許容する文化がある。これは世界ではなかなか見られないものだ。

原則5「常に最高の顧客の経験価値を追求する」

そこに妥協はない。したがって、もっとも重要な基準は顧客指標となる。

利益を最重視するビジネスは、生産者が中心にいた時代のものだ。今は、顧客を中心とした世界で、賢い顧客がブランドを形成している。テクノロジーの進化により、必要なデータはいつでも簡単に入手できるようになった。

昔ながらの長ったらしいビジネス・プランは捨て去ろう。顧客プランをつくり、逆算プラニングを利用しよう。

原則6「ビジネスを、最良の顧客経験をつくって、継続的にフィードバックを得るエンド・ツー・エンド・システムと考える」

顧客からの情報をリアルタイムで循環させ、決断に役立てる。ジェフ・ベゾスはアマゾンを設立して間もないころ、こういったという。「顧客はあなたに忠実でいるだろう。誰かがより良いサービスを提供するまでは」。

原則7「バスに正しい人材を乗せる」

そして、正しい席に座ってもらおう。顧客の経験価値を傷つけるような人材は雇ってはいけない。逆算プランニングにより、発展途上の各段階で必要となる人材を把握しよう。

原則8「コンセンサスによる経営はあり得ないと知る」

この点に関しては、設立したばかりの企業のほうが歴史のある企業よりも有利だろう。決定権者＝創業者兼ＣＥＯということが多いからだ。

CEOがシステムをデザインするのであれば、社内には目標の実現に向けて動き、問題やチャンスが到来するたびに事業を調整する適応型イノベーターが必要となる。

適応型企業は、伝統にどっぷりつかって硬直した組織とは正反対の組織を持つ。ピーター・ドラッカーの言葉を忘れてはいけない。

「ボトルネックはいつもボトルのトップにある」

原則9「現実の世界の文脈を把握する」

変化はかつてない速さで訪れるようになっている。

・アップルの収益の3分の2は、2007年以降に発売された商品によるものである
・1999年のブロードバンドの利用者数は3800万人だった。今では12億人が携帯電話でブロードバンドを利用している
・世界の新しいミドルクラスが、新興市場国を中心に数十億人増えており、従来のミドルクラスより控えめな支出が、安くて良い商品やサービスの需要を創出している。かつてない低コストで資本を調達できる環境を利用して、ビジネスの拡大を目指そう

原則10「もっと良い方法が必ずあるという姿勢を貫く」

現状に満足してはいけない。実に74パーセントの企業が、新しいモバイルの世界で競争力を保つための計画を用意していないというのは驚きだ。

バーは常に上がり続けていることを忘れてはいけない。厳しい姿勢と好奇心を保つことができる会社だけが、方向転換をしたり、将来必ず訪れる変化に対応できるだろう。

5-4 数年後に目を配る

わたしは人生のすべてをビジネスの構築に費やしてきた。正直いって、今の時代が一番楽しい。次々と新しいテクノロジーが誕生し、容易に利用できるようになったおかげで、起業家たちは、かつてないスピードですぐれた企業をつくりあげている。

自動化された工場で効率よく生産され、自動化された倉庫が威力を発揮し、消費者はオンラインでどんな商品でも注文できる――こうした状況が21世紀初頭の世界ではごくあたりまえのものなっている。

2020年代の初めごろまでには、オートメーションは、たんに人間の指示を受けてプロセスを自動化したものではなくなるだろう。自動化されたシステム自体が「知能」を持ち、あたかも自らの意思で業務をこなしているように見えるようになるかもしれない。

なぜそんなことが可能になるのか。鍵はセンサーにある。おそらく300億～500億という数のセンサーがいたるところに配置され、なんらかのシステムにつながることになる。

オンラインとオフラインの境界線はなくなるだろう。センサーはわたしたちの居場所を把握し、欲しいものや必要なもの、買い物動向を正確に予測する。マシン・ツー・マシンで通信しながら、個人のデータをリアルタイムで取得し、整理してクラウドに収納する。

モバイルでの支払いはもっと進化して、スマートフォンで支払う以上のことができるようになる。エンド・ツー・エンドで自動化されたインテリジェント・システムが、支払データをすべて記録し、クレジットスコアを改善する買い物ができるように情報を提供し、あるいは特別なオファーや電子クーポンを提供する。こうしたことが実現するだろう。

また、2020年代の初めごろには、情報の透明性は、今よりもずっと高いものになっているだろう。そのことが従来のブランド・マーケティングやブランド価値を変えることになる。

顧客は今の時点で信頼しているブランドより、スマートなシステムを信用するようになるはずだ。フューチャー・エージェンシーのCEOであり、未来学者であるゲルト・レオンハルトはこういっている。

「マシンは、もっとも親しい友人よりもあなたのことを知っているようになるだろう」

2020年代の初めごろには、顧客が勝者となり、手頃な価格の選択肢を多数持つようになる。この流れは、新しいミドルクラスが求めるものに合致する。

現在、ハイテク企業は新しい時代のインテリジェント・システムに力を入れている。

たとえば、ＩＢＭのワトソン。コンピュータというより人間のように、言語を理解し、証拠に基づいて仮説を立て、学習しながら情報を処理する。

マイクロソフトはコルタナをつくった。マイクロソフトの新ＣＥＯのサティア・ナデラは、こうしたバーチャルなアシスタントが、人間の実生活においてアシスタントの役割を果たす世界を思い描いているはずだ。

おわりに

「未来は、誰の目にも明らかになる前に可能性に気づいた人のものである」

——ジョン・スカリー

ソニー、シアーズ、モトローラ、コダック……。

いずれも生産者側に主導権があった20世紀に、顧客から絶大な信頼を寄せられていたブランドだ。信頼関係はいつの時代にもすぐれたブランドの証だ。

かつては、そうした関係を築くまでに長い時間と多額の費用がかかった。ウォーレン・バフェットは「評判を確立するまでには20年かかるが、失うときはわずか5分だ」といった。今では評判を確立するまでの時間はずっと短くなったものの、壊れるときはやはり一瞬だ。

エアビーアンドビー、ウーバー、シャオミといった新しい有力ブランドには共通点がある。それは、大企業が多額の予算を投入してつくったものではなく、賢くなった顧客がつくったブランドであるという点だ。

こうした革新的なビジネスにおける顧客の信頼は、消費者がほかの消費者と経験を共有することで生まれている。このとき重視されるのがスケールだ。

ネットワーク効果により、従来のものより安くて便利なホテルやタクシー、あるいは安くて高品質なモバイル端末といった情報は際限なく広がっていく。

そして、ビジネス・コンセプトを支える顧客データは、巧みな広告宣伝よりもよっぽど効果的に需要を創出する手段となる。「すぐれた顧客の経験価値を持つブランド」を生み出す原動力といって良いだろう。

また、スマートデータは仕事の流れを大きく変える。

最近、妻のダイアンと一緒に香港のペニンシュラホテルで、リアム・ケイシーと昼食をとる機会があった。アイルランドでもっとも成功した起業家の1人で、中国ではミスター・

チャイナとして知られている。

初めて会ったのは10年ほど前で、当時、サプライチェーンごと提供する彼のPCHインターナショナルは、iPodやマイクロソフトのズーン（携帯音楽プレーヤー）のアクセサリーを製造していた。

まだそれほど有名ではなく、売り上げ規模も小さかった。今では、アップル、ビーツ、ラジオシャックなどのベンダー・パートナーとして、年間数十億ドルを売り上げるまでになっている。

リアムのエンド・ツー・エンドのシステムのすばらしいところは、倉庫もなければ、各チャネルに在庫もないことだ。PCHインターナショナルは、デジタル家電業界に大変革をもたらし、航空貨物運賃を相殺できるほど物流費用を削減した。

中国の携帯端末メーカーのシャオミが、10万台のスマートフォンをインターネット上で、わずか90秒で販売したという話はすでにした。

ブランドへの信頼が比較データを手にした顧客によってつくられ、顧客のほうでは破壊的な価格を期待できるとすれば、多額の販管費や研究開発費を負担し、多種多様な製品を抱えるソニーのような大企業はどうやって戦えばいいのだろうか。簡単なことではない。

１９８０年代にジョブズとわたしは、何度か盛田昭夫のもとを訪れた。ソニーの共同創業者でウォークマンを世に送り出した人物だ。

当時のソニーは、今のアップルだった。その革新性、美しいデザイン、高い品質で、ほかの家電メーカーとは一線を画していた。そのソニーに崩壊の可能性があるというなら、今、高い評価を受けている企業も安泰ではないだろう。

今、未来を描いた書物のなかで注目すべきは、リサ・ガンスキーの『The Mesh: Why the Future of Business Is Sharing』（邦訳『メッシュ　すべてのビジネスは〈シェア〉になる』）だ。ぜひ読んでもらいたい。彼女の主張はこうだ。

「メッシュ経済とは、人々が才能、モノ、サービスをシェアすることで、共通の利益を持った新しい団体、新しい組織、新しいビジネスモデルが生まれる場所だ」

本書の冒頭では、ミレニアル世代がどう違うのかを述べている。彼らは共有したり、借りることにまったく抵抗がない。所有によって成功の度合いを測ったわたしたちの世代とは違う。

これは、たんに新しい流れということで片づけるべきではない。適応型のミドルクラスを中心とした経済が将来どのようなものになるかを考えるヒントにもなるからだ。特に従来の仕事が、自動化されたシステムに取って替わられる時代を考える手がかりになるだろう。

モート・ザッカーマンが、2014年7月にウォール・ストリート・ジャーナル紙に寄せた記事によれば、アメリカには２８００万人のパートタイム労働者がいるという。「アメリカでは成人の47・7パーセントしかフルタイムで働いていない」のだ。

パートタイム労働者のうち数百万人は、もともとはフルタイムで働いていたが、なんらかの理由で辞めた人たちだ。これは、企業や組織が必要な数の雇用を提供できないということであり、自分で自分の仕事をつくる時代の幕あけなのかもしれない。

必要は、発明の母という。人々は臨機応変に対応するだろう。独立して請負契約で働く人や起業家も大勢出てくるはずだ。

リサ・ガンスキーが提唱する社会でシェアするのは、住宅や車、あるいはレント・ザ・ランウェイから借りるドレスだけではない。

仕事もシェアすることになる。もしくは、イーランスのようなオンラインサービスで特定のスキルを持った人材を探したり、タスクラビットのような会社で、力仕事をしてくれる人材を探したりする。

エッツィーのようなサイトで手芸品を売ることもできるし、フィートリーで客を探して自宅で夕食を提供することもできる。こうした社会を、ダニエル・ピンクは２００１年に「フリーエージェント社会」と名づけた。先見の明があったといえるだろう。

すでにムーンショットは起きている。

スマートになったデータのおかげで、わたしたちは皆、スマートな顧客になった。適応型イノベーターにとって、10億ドル規模のビジネスを築きあげる最良の時代だ。

今を逃す手はない。起業をしない人も、新しい顧客の時代に適応していくことになるだろう。新しいビジネスモデルは、新しい雇用形態を伴い、新しい方法で人材を活用し、モノやサービスをシェアするものになるからだ。

未来を不安に思う選択肢もあるし、チャンスに胸を躍らせる選択肢もある。あなた次第だ。わたしが自信を持っていえることは、目の前には大きな変化があり、未来は今とは違ったものになるということだ。

バミューダで過ごした子ども時代のシンプルな暮らしと、今の生活に大きな違いがあるのと同じだ。好奇心を持って、ひらめきを大切にしてほしい。そして、ある程度のリスクはとる。

人生とは旅であり、わたし自身、これまでいくつかの失敗をしたが、どれも必要なものだったと思っている。

本書を執筆してみて、自分がビジネスに最適な時代に生きていることを改めて実感した。本書を読んで、企業の内外にいる適応型イノベーターが革新的なビジネスを立ち上げ、世界を変える道を探ってくれたら幸いである。

あとがき1　兄、ジョンについて

わたしが本を書いてみないかと持ちかけたとき､ジョンはまったく興味を示さなかった。すでに1冊書いている（25年前に『Odyssey: Pepsi to Apple』（邦訳『スカリー　世界を動かす経営哲学』）を出版しているし、「今一番やりたいのは、起業家たちにアドバイスすることなんだ。これまでの業績を並べた〝トロフィー・ブック〟を書くことじゃなくて」ということだった。

そして付け加えるようにいった。

「そもそも成功よりも失敗から学んだことのほうが多いしな」

その言葉を聞いてピンときた。

「じゃあ、失敗について書いてみたら？　ビジネスを立ち上げるときに、成功と失敗の両方から学んだことを皆に伝えたらいいじゃないか」

ジョンの表情が変わった。長年のつきあいでそれが意味することはわかった。どうやら関心をつかんだらしい。それから、わたしたちは急激に進化するテクノロジーを使って、革新的なビジネスを構築することについて話した。

ジョンいわく、クラウド・コンピューティング、センサー、ビッグデータ、モバイル機器の進化は、ムーンショットを可能にする。そして、その結果起きているのが、生産者側から顧客側へのパワーシフトだという。ムーンショットがすべてを変えるかもしれない。そう思ったジョンはすぐにのめりこんだ。

あまり知られていないが、ジョン・スカリーは、常に何かをつくることに熱中してきた人間だ。ロング・アイランドとバミューダに住んでいた子ども時代は、電化製品に魅せられていた。特にラジオとテレビに夢中になり、ポピュラー・サイエンス誌やポピュラー・メカニクス誌を読みあさっていた。

アマチュア無線も楽しんだし、1953年、14歳のときにはカラーテレビを組み立てた。カラーテレビが一般家庭に普及するずっと前のことだ。それから、寝ながらテレビのチャンネルを変えられるようにと、リモコンもつくった（当時、チャンネルは3つしかなかったのに）。

ペプシにいた16年間のなかで、ジョンがもっとも輝いていたのは、新規事業の立ち上げにかかわっていたときで、その実績は彼をCEOの座に押し上げた。ペプシコ・インターナショナル・フーズは、立ち上げから担当し、世界中のスナック食品会社を買収してビジネスを拡大した。現在はペプシコの主要部門となっている。

アメリカのペプシコーラ・カンパニーのプレジデント兼ＣＥＯに就任したときは、複雑な心境だったようだが、ペプシとマウンテンデューをメガブランドにすべく尽力した。

そしてご存じのとおり、ジョンはアップルでＣＥＯとして10年間仕事をした。ここでもジョンは新しい仕事に果敢に挑み、スティーブ・ジョブズとスティーブ・ウォズニアックが開発したマッキントッシュを、世界でもっとも売れるパーソナルコンピュータに仕立て上げた。

１９９３年にアップルを解雇されたとき、ジョンはよく検討せずに最初にオファーされた仕事に飛びついてしまった。そして、どん底に落ちた。第一線を退き、しばらくはおとなしくしていたが、そのうちに起業家の相談にのったり、有望な新規事業を応援するという、本来の得意分野で仕事に復帰した。ジョンと仕事をしたことのある人なら同意してくれると思うが、彼にとってはまさに天職だ。

それから20年以上、ジョンはさまざまな業界で事業の立ち上げに関わったり、成長企業に投資したりしている。その範囲はコンシューマービジネスからテクノロジー、ヘルスケアと幅広く、対象とする地域もアメリカだけではなく世界に及んでいる。

ジョンはＣＥＯとして数々の実績を残したが、その関心は常にマネジメントやガバナンスよりも事業の立ち上げに向いていた。

メンターとして、そして起業家としてのジョンは、特に優れた才能を発揮する。その視点には、大企業を経営した経験と最先端の知識の両方が生かされている。ＣＥＯのコーチ役を務める、聴衆にむかって語りかける、本書のなかでアドバイスを述べる――いずれも彼の真骨頂だ。

決断するとき、挑戦するとき、あるいは改革するとき、彼の言葉は威力を持つ。長年にわたるリーダーシップ経験と、生来の創造的思考力を武器に、前提を見直したり、まわりの人間を方向転換に導いたり、ぶちあたった壁を乗り越えようとするときに、その本領は発揮される。

今、ジョンは変わりゆく世界のなかで起こり得ることや、ビジネスの果たす役割を考えながら、1週間に7日間、精力的に働いている。今後訪れる崩壊の波は、世界の経済にとって必要なものであり、ビジネス・リーダーにとっては大きなチャンスだと見ている。

成功、失敗、そしてさまざまな経験から学んだジョンは、それを喜んで皆さんと共有したいと考えている。

また、ジョンは本書に加えて、ビジネスの立ち上げとイノベーションについて詳しく解説した『How to Build a Successful Business』（邦訳『成功するビジネスのつくりかた』）というビデオシリーズも作成した。彼の率直でわかりやすい話と、著名な起業家（アップルの共同創業者のスティーブ・ウォズニアック、アメリカでもっとも有名な医師のメフメト・オズ、トップ・シェフのウルフギャング・パック）へのインタビューからは、大学やビジネス・スクールで学ぶよりも多くのことが学べるだろう。

世界一流のサクセスストーリーとざっくばらんな話は、明日の成功を目指す人に役立つはずだ。JohnSculley.com を参照してほしい。

ジョンがいうように、今の世界が直面している問題のなかで、雇用問題は間違いなく上位にくる。仕事がなければ希望も未来もない。持続的に雇用を生み出す唯一の方法は、新しいビジネスをつくることだとジョンは考えている。ジョン・スカリーがもっとも得意とすることだ。

ジョンの好奇心の炎は子ども時代から変わることなく、今も煌々と燃えている。起きている時間は常に何かを生み出そうとしているジョンが、自分の経験を伝えるために本書を書いた。皆さんの役に立つ1冊になったと確信している。

――デイヴィッド・スカリー

あとがき2　父と祖父について

父のジャックとバミューダ人の祖父、W・B・スミスは、わたしたちに大きな影響を与えた。W・Bの娘であるわたしたちの母、マーガレットは芸術家であり、園芸家であり、愛情あふれる温かい家庭を築きあげた。父は、プリンストン大学で古典を学び、1932年に最優等で卒業し、その後、不本意ながらコロンビア大学のロースクールに行った。大恐慌のおかげでほかに道はなかったのだ。

卒業後は、ニューヨークで弁護士としてキャリアを積んだ。自宅のあるロング・アイランドのセント・ジェイムズと職場の往復には、毎日5時間近くも費やした。同時に、地元での活動にも積極的に取り組み、村長や高齢者施設の会長を務め、図書館や病院の委員会にも名を連ねた。

子どもに対して「ああしろこうしろ」と口うるさくいうことはなかったが、わたしたちは父の姿を見て、教育、勤勉さ、思慮深さ、誠実であることの重要性を自然に学んだ。父はわたしたちのいとこ数人の父親の代わりも果たした。

父は、わたしたちがまだ学生だったときに脳卒中で突然この世を去ったが、そのときまで、父がわたしたちに高い教育を受けさせようと経済的に無理をしていたことをわたしたちは知らなかった。振り返ってみて、父から学んだ一番大切なことは忍耐力だと思う。どんな逆境のなかでも決してあきらめない――この教えに、わたしたち兄弟は多くの局面で救われてきた。父がわたしたちのために払ってくれた犠牲にはいつも感謝している。

父と祖父は仲がよく、特に夏にはバミューダで一緒に楽しい時間を過ごしたが、職業上の接点はなかった。弁護士の父に対して、祖父は造船技師であると同時に起業家としての顔も持ち、さらにバミューダ議会の議員もしていた。

その職業人生は1890年、15歳で、バミューダのハミルトンのフロント・ストリートにあった、両親が経営するH・A&E・スミスという百貨店を首になったときに始まった。祖父はすぐにリバプール行きの貨物船に乗りこみ、キャメル・レイアード造船所で、ボイラーマンの見習いとして5年間働いた。

当時のリバプールは世界の造船業の中心で、イングランド北部は産業革命の絶頂にあった。祖父は蒸気機関の技術とその装置に夢中になった。バミューダに戻って少し過ごしたのち、今度は妻のメイベルとともにニュージャージー州のエリザベスに移り、数年間を過ごした。

ニュージャージーでは、造船技師のジョン・P・ホランドのもとで働き、アメリカ海軍に初めて納入された潜水艦、USSホランドの開発に携わった。イギリス海軍のホランド級潜水艦の原型となった潜水艦である。

バミューダに戻ると、今度は会社を興し、灯台や橋をつくったり、バミューダに立ち寄る船の修理をしたりした。起業家精神はとどまるところを知らず、さらに燃料や水の積み込みも手掛けるようになり、第2次世界大戦中には自らスクーナー船に乗りこみ、カリブ海を航行したという。

また、叔母のマデリンが地元に香水の製造所をつくるのを支援した。今では観光名所となっている。94歳で亡くなるまで、祖父はほぼ毎日働いていた。

祖父の起業家精神は、飽くことのない好奇心から生まれていた。祖父はまわりの人にどう思われようとまったく気にしなかった。自分の関心に突き動かされ、情熱を持って前進した。

わたしたち兄弟は、祖父から好奇心という大切なものを受け継いだと思う。夏のバミューダで祖父が語ってくれた昔話を今でもなつかしく思い出す。父と同じように、祖父もまた、わたしたち兄弟の人生に大きな影響を与えてくれたのだった。

——アーサー・スカリー

謝辞

本書をつくるにあたっては多くの人に助けてもらった。彼らがいなければ、この本が完成することはなかっただろう。1人ひとりに心からお礼を申し上げたい。

発端は弟のデイヴィッドのアイデアだった。その後、デイヴィッドは毎日いっしょに取り組んでくれ、チームのクォーターバックの役割を果たしてくれた。経験豊かなライターのロン・ベイマもチームの一員として、厳しいスケジュールのなか、わたしの話を熱心に聞きながら献身的に取り組んでくれた。

ブラッド・ムーベリーは、カバーデザインを手掛けてくれただけではなく、毎日のように内容と事実関係のチェックもしてくれた。新興国市場について深い洞察を示してくれた、もう一人の弟、アーサーにもお礼をいいたい。

そして以下の人たちにも謝意を表したい。出版社のロゼッタブックスと、すばらしい仕事をしてくれた、アーサー・クレバノフ率いるチームに。特にいつも冷静な態度で、この本が世に出るまで尽力してくれたマネジャーのハンナ・ベネットにはお世話になった。それから、広報活動を支援してくれたスティーブ・コーディと彼の会社のペッパーコムに。アドバイスとともに著名な起業家を紹介してくれたエレン・リーンスに。すばらしい編集をしてくれたメリル・パールマンに。考え抜かれた創造的なグラフィック・デザインをしてくれたミーシャ・ベレツキーに。大量のインタビューの原稿を含めて細かいところまできちんと管理してくれたバリー・ヤーコニに。インタビューを書き起こしてくれたダナエ・アンダーソンとサラ・ロペスに。プロデューサーのアダム・マクドナルド、ディレクターのクリス・ターナウ、映像編集者のバレリー・トーマスに。

そして、インタビューに応じてくれた世界有数の起業家たちに――スティーブ・ウォズニアック、メフメト・オズ、ウルフギャング・パック、レズリー・ブロシェット、ティム・ギャノン、ジュリア・ハーツ、ジュリー・ウェインライト、ハップ・クロップ、ランディ・パーカー、スティーブ・パールマン、ダグ・メネズ（すばらしい写真をありがとう）、デイヴィッド・スタインバーグ、グラント・ヴァースタンディグ、デニス・ラトナー、ダン・ギトルマン、マーティン・バーサフスキー、ダグ・ソロモン、そして息子のジャック・スカリー。

最後は妻のダイアンに感謝して締めくくりたい。彼女はインスピレーションを与えてくれるだけではなく、パートナーとしていつでも相談にのってくれる。この本のために時間をかけてリサーチにも取り組んでくれた。それ以上に大きかったのは、ずっと励ましてくれ、サポートしてくれたことだ。わたしは心身ともに今が一番幸せである。

――ジョン・スカリー

2014年9月

◎著者プロフィール

ジョン・スカリー

1939年生まれ。アメリカ合衆国の実業家。ペプシコーラ、アップルなどのCEOを歴任。ペプシ時代には、ブランド名を隠して複数のコーラを飲ませるコマーシャル「ペプシチャレンジ」などで、コカ・コーラを抜いてアメリカの炭酸飲料マーケットで首位を取る原動力となった。1983年、アップルの社長に就任。スティーブ・ジョブズは、ペプシコーラの事業担当社長をしていたスカリーに白羽の矢を立て、「このまま一生砂糖水を売り続けたいのか、それとも私と一緒に世界を変えたいのか」とスカリーを口説いた。1995年、弟らとともに投資コンサルタントのスカリー・ブラザーズを興し、現在も起業家、メンターとして精力的に活動している。

川添節子

翻訳者。慶應義塾大学法学部卒。訳書に『シグナル＆ノイズ』『取締役会の仕事』（ともに日経ＢＰ社）『専門家の予測はサルにも劣る』（飛鳥新社）など。

Moonshot! ムーンショット！

発行日	2016年 2月24日　第1刷発行
定　価	本体1600円+税
著　者	ジョン・スカリー
訳　者	川添節子
スタッフ	木村 馨　伊藤宣晃　田中智絵　白岩俊明　三澤 豊 久田敦子　薗部寛明　中山浩之　西室 桂　佐藤 晶　長 至巳
発行人	菊池 学
発　行	株式会社パブラボ 〒101-0043　東京都千代田区神田富山町 8番地 TEL 03-5298-2280　FAX 03-5298-2285
発　売	株式会社 星雲社 〒112-0012　東京都文京区大塚3-21-10 TEL 03-3947-1021
印刷・製本	日経印刷株式会社

ISBN 978-4-434-21617-6